AUX CÔTÉS DES VICTIMES

FABIEN RAJON

AUX CÔTÉS DES VICTIMES

l'Archipel

Notre catalogue est consultable à l'adresse suivante :
www.editionsarchipel.com

Éditions de l'Archipel
92, avenue de France
75013 Paris

ISBN 978-2-8098-4484-9

À ma famille,
À mes clients, pour la confiance qu'ils m'accordent.

Je tiens à remercier Monsieur le Bâtonnier
Jean-Marie Chanon ainsi que mon confrère Ilana Soskin
pour leurs relectures attentives.
Merci à Vincent pour son soutien et ses conseils amicaux.

« L'essence de l'homme ne serait-elle pas d'être un être qui peut témoigner ? »

(Gabriel Marcel)

Prologue

Le sens et l'adrénaline

Le 18 février 2022 à 16 h 51, Nordahl Lelandais est définitivement condamné à la réclusion criminelle à perpétuité pour l'enlèvement et le meurtre de Maëlys De Araujo. Cette affaire, qui figure parmi les plus tragiques et les plus médiatisées de l'histoire criminelle contemporaine, est désormais derrière moi. Après une ultime adresse aux médias, entouré des parents de la fillette, Jennifer et Joachim, et de sa sœur Colleen, je vais, comme il est d'usage, saluer la présidente de la cour d'assises, puis je retourne récupérer mes affaires dans la salle d'audience. Elle est presque vide. Seuls demeurent deux policiers avec lesquels j'ai sympathisé pendant les trois semaines de débats. Les jurés sont partis, quittant le palais de justice de Grenoble par une porte dérobée sitôt le verdict rendu. Mes confrères ont pris le chemin du retour, prêts à livrer de nouveaux combats. À l'extérieur de la salle, quelques journalistes assurent encore duplex et interviews, avant de rendre l'antenne.

Alors que je saisis ma robe, ma sacoche et mes dossiers pour quitter cette salle désormais silencieuse, je prends quelques instants pour revoir une dernière fois ce box en verre dont l'occupant vient d'être ramené par l'escorte à son lieu de détention. Pour jeter un ultime regard au banc des parties civiles sur lequel nous avons livré bataille. Pour parcourir chacun des sièges occupés par les jurés. Seront-ils les mêmes, ces anonymes tirés au sort, une fois de retour chez eux après avoir jugé cet homme ? Que retiendront-ils d'un tel voyage en enfer ? Je voudrais arrêter le temps. Demeurer encore, l'espace de quelques secondes, au cœur de cette affaire qui a percuté ma vie.

La montagne est gravie. Un sommet qui me paraissait si loin, si haut, presque impossible à atteindre. J'en suis venu à bout. Ces trois semaines d'assises signent pour moi la fin d'un chemin qui prit parfois des allures de calvaire. Rien, en comparaison de ce qu'ont enduré ces gens, profondément attachants, formant avant le drame un clan soudé et heureux. Je n'éprouve aucune honte à l'avouer : cette affaire fut éprouvante. Elle ne m'a pas laissé indemne. Mais défendre cette famille m'a procuré fierté et plénitude, comme rarement j'en avais connu. J'ai aussi eu le sentiment, si gratifiant et galvanisant, d'être, pour de bon, utile aux autres.

Dès le mois de septembre 2017, j'ai été l'un des acteurs principaux de l'affaire Maëlys, assurant la défense de cette famille soudainement frappée par la plus terrible des épreuves : la perte d'un enfant au cours d'un enlèvement. Pendant plus de quatre ans, je me suis tenu à ses côtés, affrontant avec elle les rafales d'une tornade judiciaire qui emportait tout sur son passage, m'efforçant de la protéger d'un ouragan médiatique destructeur, encaissant avec elle chaque soubresaut de l'affaire, des fuites dans la presse aux combats procéduraux, plongeant aussi dans l'univers sordide et violent de l'accusé.

À la rentrée 2022, j'interviendrai devant une autre cour d'assises, à Paris, pour défendre des dizaines de victimes de l'attentat de Nice. J'assiste déjà plusieurs familles dans ce dossier. J'ai eu récemment l'opportunité de prendre en charge de nouvelles parties civiles, venues des quatre coins de France. Je bataille contre le Fonds de garantie pour leur obtenir des indemnisations dignes de ce nom. Je les représente dans les procédures ouvertes suite au drame, qu'il s'agisse des investigations relatives à l'organisation des festivités du 14 juillet 2016 ou de l'attentat en tant que tel. Nous préparons ensemble ce procès qui se tient à partir du 5 septembre, pour une durée exceptionnelle de quatre mois. Pour ces familles, je mène un combat parfois difficile, mais toujours passionnant.

J'emploie le terme « passionnant » à dessein et pour plusieurs raisons. D'abord, c'est une affaire de rencontres. Et, dans ce dossier, elles m'ont marqué. Je peux revivre chacune d'entre elles dans ses moindres détails. J'ai en tête ces gens qui déroulent la chronologie de la nuit du drame et me dépeignent leur existence désormais brisée. Certains, pour se protéger, fuiraient, à l'écoute de ces récits sombres et déchirants. D'autres y traqueraient le sensationnel. Moi, j'écoute et je prends des notes. Pour comprendre et être certain d'en restituer toute l'intensité le plus fidèlement possible devant la cour d'assises.

Pendant nos entrevues, aucun d'entre eux ne pleure. Il n'est pas question de tristesse ou de mélancolie, mais de bien autre chose. Ces victimes reviennent des ténèbres. Elles sont les témoins de ce que l'humanité recèle de pire. Je suis toujours frappé par leur regard. Ni perdu ni mélancolique. Au contraire, il est droit et alerte, car ces victimes savent ce dont l'humain est capable. À la fin de notre rendez-vous, quand elles me demandent si je prends leur dossier, c'est d'un « oui » franc et déterminé que je leur réponds. La marche est haute, il y a toujours une appréhension, malgré l'expérience peu à peu acquise au fil du temps, mais je ne me dérobe pas. J'accepte sans hésiter. Je deviens leur confident, le dépositaire de leurs souffrances et leur porte-parole. Je suis honoré par la confiance qu'elles m'accordent. J'ai hâte d'être au procès et de revêtir la robe pour ces gens.

Passionnant, ce combat l'est pour une autre raison : j'ai à cœur que justice soit rendue à ces innocents. Lorsqu'on emmène ses enfants assister à un feu d'artifice un soir de fête nationale, avec pour seules armes shorts, polos et poussettes, on ne s'attend pas à vivre l'horreur d'une scène de guerre, avec son lot de corps déchiquetés, de cris de terreur et de témoins hagards. Un bilan de quatre-vingt-six morts, quatre cent cinquante-huit blessés et des centaines de familles traumatisées…

L'attentat de Nice a ceci de particulier qu'il a frappé beaucoup d'enfants. Rendre justice aux victimes revient, selon moi, le temps d'un procès, à inverser le rapport de force, si déséquilibré le soir de l'attentat. Nous le ferons avec nos armes, celles offertes par le droit dans une société démocratique. En opposant méthodiquement, avec calme et pugnacité, les exigences de la raison aux raccourcis simplistes du fanatisme. Il faudra démasquer la lâcheté de ceux qui prétendent n'avoir rien su du projet criminel du terroriste, traquer la responsabilité de ceux qui voulaient, en conscience, qu'il passe à l'acte. Nous démonterons les unes après les autres les explications boiteuses, nous répondrons pied à pied aux slogans faciles de ceux qui préfèrent haïr. Nous ouvrirons les yeux qui ne veulent pas s'ouvrir. À l'exaltation nihiliste, nous répondrons par la raison, mais pas seulement. Car, qu'on le veuille ou non, derrière la radicalité il y a souvent une quête de sens. Nous parlerons aussi de la vie et de l'espérance. Les accusés seront assis dans le box. Ils n'auront d'autre choix que d'écouter et, j'ose l'espérer, de réfléchir.

Ces deux affaires, Maëlys et l'attentat de Nice, auront marqué à n'en pas douter l'année judiciaire 2022. Impliqué dans ces dossiers du côté des parties civiles, j'ai choisi de témoigner. Mon ambition, dans ces pages, est de montrer les coulisses de mon métier, d'expliquer comment je ressens de l'intérieur de telles affaires, mais aussi d'autres dossiers. Je souhaite en outre dévoiler la stratégie et les moyens que j'emploie pour défendre mes clients. Ni nombrilisme ni violation du secret professionnel, deux écueils que j'espère avoir évités, même si j'ai conscience de marcher parfois sur un fil.

Le sens et l'adrénaline : voilà ce qui me porte dans mon métier depuis que j'ai prêté serment en décembre 2007. Bien sûr, tous mes dossiers ne font pas la une de l'actualité. Tant mieux d'ailleurs. J'apprécie tout autant le travail dans l'ombre que la lumière des grandes affaires médiatiques. Travailler dans le silence de mon cabinet, produire une argumentation ciselée et convaincante, voilà ce qui constitue sans doute ma première satisfaction. J'ajoute qu'il est peut-être utile qu'un avocat livre ses vérités tout en donnant à voir ses parts d'ombre, de doute, ses succès comme ses échecs, avec une certaine sincérité. Celui qui affirme n'avoir jamais perdu un seul dossier ne trompe, à mon avis, plus grand monde. Les succès engrangés dans une carrière ne doivent pas faire perdre cette humilité qui nous rend accessibles.

Il s'agit également, à travers ce témoignage, de porter un regard sur notre justice, sur ce qu'en attendent légitimement nos concitoyens et sur l'attention qu'elle accorde aux victimes. Je souhaite ici contribuer aux débats relatifs à la place que doit occuper la justice dans notre société. Car derrière la robe, il y a toujours des convictions. Exercer le métier d'avocat est un combat, souvent viril. Qui plus est au pénal.

Après quinze ans d'exercice professionnel, il est temps de faire une pause pour jeter un regard sur certaines des batailles que j'ai menées. Franchissons ensemble la porte de mon cabinet et ouvrons mes dossiers. Que cachent ces kilos de documents rangés sur les étagères de mon bureau ? Bien plus que du papier. Assurément autre chose que le simple exercice d'un métier. Peut-être une manière de voir la vie aux côtés des autres.

« J'aurais voulu être avocat, c'est le plus bel état du monde. » Ces mots de Voltaire furent prononcés par mes confrères Laurent Boguet et Alain Jakubowicz, à l'entame de leurs plaidoiries devant la cour d'assises de l'Isère durant le procès Lelandais. Ils ne cessent, depuis, de résonner dans ma tête.

Première partie

Un avocat dans la tempête

1
Une famille devant les Français

C'est un lieu discret, peu fréquenté en cet après-midi de septembre. À l'intérieur, un couple d'anonymes patiente devant un café. Ils vont de nouveau devoir affronter un moment éprouvant. Leurs traits sont tirés par la fatigue accumulée depuis plusieurs semaines. Les jeunes quadragénaires, elle à la silhouette sportive et à la chevelure châtain, lui au regard perçant et au physique robuste, affrontent ensemble l'épreuve de leur vie. Ils tentent de se donner mutuellement de la force, tout en partageant la même inquiétude.

Nous sommes convenus qu'ils ne viennent pas me rejoindre au cabinet. Trop compliqué : des journalistes surveillent les allées et venues devant l'immeuble depuis le matin. Le couple attendra qu'une BMW noire aux vitres fumées vienne les chercher. Un agent de sécurité les accompagnera ensuite jusqu'à l'hôtel que j'ai réservé. Ils entreront par le sous-sol, pour ne pas être vus et préserver le plus longtemps possible leur intimité, puis seront conduits vers une petite salle jouxtant celle où, à 18 h 30, ils feront face à des dizaines de journalistes. Mes consignes, données à la direction de l'hôtel comme à l'agence de sécurité que j'ai mandatée, sont claires : mes clients ne doivent en aucun cas être aperçus avant l'heure fatidique. Les rideaux sont fermés, les agents de sécurité surveillent chaque porte, chaque ascenseur. Personne ne doit déranger les parents de Maëlys avant le début de la conférence de presse, même si les dizaines de journalistes s'impatientent déjà.

Je dois protéger mes clients de la vague qui monte, d'autant plus que, sur le terrain, certains journalistes ont pris quelque distance avec leur déontologie. Depuis un mois, c'est une véritable déferlante. Pas une heure sans sollicitations des médias. Le standard du cabinet explose, mon numéro de portable circule dans toutes les rédactions de France. Duplex, plateaux, directs, l'affaire de la disparition de la petite Maëlys monopolise littéralement l'antenne, notamment des chaînes d'information, qui s'en donnent à cœur joie. Certains journalistes « planquent » à proximité du domicile des grands-parents de la fillette, d'autres font le siège de la maison du couple. Pont-de-Beauvoisin, petite commune iséroise où s'est joué le drame, est désormais connu de la France entière, ses habitants sont littéralement pourchassés par les journalistes en quête du témoignage d'un proche, d'un collègue de travail ou d'un invité au mariage. Aller chercher son pain prend des allures de mission commando pour les habitants du secteur.

L'affaire Maëlys passionne les Français. Sa médiatisation, elle, donne le vertige.

J'ai été mandaté par la famille de la petite Maëlys pour les représenter et les défendre. Dès les premiers temps de l'affaire, je serai leur porte-parole et j'assurerai les sollicitations de la presse, afin de leur accorder un peu de répit. Ils ne répondront pas aux demandes d'interviews, tenteront de se préserver. L'heure est à l'attente et à la dignité. Ils vivent une véritable torture et je ne les imagine pas devoir, en plus, s'exposer médiatiquement. Ils se doivent aussi d'entourer d'affection leur fille aînée, Colleen.

Un mois après la disparition de leur fille, nous décidons néanmoins d'organiser une conférence de presse. Plusieurs raisons nous font dire qu'à cet instant, il est peut-être opportun de nous exprimer.

D'abord, la pression médiatique n'est malheureusement pas retombée, c'est même tout l'inverse. Au fil des semaines, les journalistes parviennent sans mal à contacter directement mes clients et les demandes affluent. Le fragile bouclier que j'ai tenté de constituer cède peu à peu, mes clients risquent de se retrouver en première ligne face à la meute. Une conférence de presse permettra de canaliser les sollicitations et de répondre au besoin des médias d'accéder aux parents de Maëlys, tout en préservant ceux-ci au maximum.

Nous décidons aussi de prendre cette initiative pour une autre raison, qui ne tient pas simplement à la médiatisation hors norme à laquelle nous sommes confrontés… J'ai en effet la possibilité d'avoir accès aux premiers procès-verbaux du dossier d'instruction, puisque nous nous sommes constitués partie civile dès la mise en examen du principal suspect de l'enlèvement de la fille de mes clients. Un certain Nordahl Lelandais.

Une fois mes démarches de constitution effectuées, je décide d'aller consulter au plus vite le dossier chez les juges. Sur la route du trajet vers le palais de justice de Grenoble, je m'interroge. Les médias multiplient scoops et « révélations » à l'encontre de cet invité de dernière minute au mariage. Son comportement avait d'ailleurs attiré l'attention de la mère de Maëlys pendant la soirée. Mais qu'en est-il des éléments objectifs du dossier ? Que disent les auditions des invités du mariage ? Que révèlent les premiers résultats des investigations techniques et scientifiques ? Au-delà de ce que peuvent affirmer les médias, quelle est la réelle nature des charges à l'encontre de cet homme ?

Arrivé au palais, je monte au quatrième étage, où sont situés les bureaux des différents juges d'instruction du tribunal judiciaire. Une fois franchies les grilles menant au cabinet du magistrat, je peux enfin lire ce que contient le dossier. Après une analyse rapide sur place, j'en demande une copie en bonne et due forme, afin de pouvoir l'étudier en détail, une fois de retour à mon cabinet. Mais ma conviction est faite : nous tenons bien notre homme.

De retour à Lyon, où se trouve mon cabinet, j'appelle mes clients. Les recherches et battues organisées partout aux alentours du lieu de disparition de leur fille ne donnent rien. La zone, entre collines et montagnes, est escarpée et parsemée de lacs, de rivières et d'étangs. Malgré tous les efforts déployés, Maëlys est introuvable. En parallèle, les indices figurant au dossier que j'ai pu consulter sont graves et concordants à l'encontre du mis en examen. Mais celui-ci refuse de parler et de dire où est la fillette, disparue depuis un mois maintenant. Mes clients et moi convenons donc d'organiser une conférence de presse et de lancer un appel pour la vérité, destiné en premier lieu à Nordahl Lelandais.

Le communiqué annonçant l'événement part le jour même à tout mon fichier presse, constitué au fil des dossiers que j'ai défendus par le passé et des contacts noués depuis le début de l'affaire. Mon texte est bref et va à l'essentiel : date, heure et lieu de l'événement. Je prends cependant la peine de mentionner que « compte tenu de la gravité de la situation qu'ils vivent actuellement, cette expression prendra la forme d'une simple déclaration ».

Pour avoir déjà pratiqué cet exercice, je sais qu'il faut éviter à tout prix à mes clients les questions-réponses des journalistes, souvent piégeuses et interminables. Il faut privilégier les déclarations courtes, afin que le message à livrer soit efficace. Nous arriverons dans la salle de la conférence de presse à la dernière minute, nous lirons nos déclarations respectives et lèverons aussitôt le camp.

L'horaire choisi n'est pas non plus dû au hasard. Je privilégie un début de soirée, avant les journaux télévisés, afin de donner une exposition médiatique maximale à notre initiative. En espérant que cette conférence de presse aura la plus grande audience possible.

Au cabinet, je rédige un projet de texte que liront mes clients devant les médias et le leur soumets pour recueillir leur avis. Mon objectif est d'y condenser ce qu'ils ont à dire, tout en livrant un message clair, facile à relayer pour les médias et compréhensible par le plus grand nombre. Je privilégie les phrases courtes et aérées par une ponctuation régulière, pour leur permettre de bien respirer, car j'imagine aisément le stress qu'ils devront affronter devant les journalistes le moment venu. Je l'intitule « Appel pour la vérité ». Après plusieurs échanges et relectures avec mes clients, nous convenons de la version finale. Je les sens en phase avec ce texte qu'ils liront le lendemain et qu'ils se sont bien appropriés.

Je veille à respecter scrupuleusement la présomption d'innocence et à ne pas partir à la faute. Le propos devra donc être millimétré, car je sais pertinemment que la défense du mis en examen ne manquera pas de relever chaque faux pas que nous pourrions commettre. À ce stade de l'affaire, Nordahl Lelandais, certes accablé par de lourdes charges, demeure présumé innocent. Pèsent sur lui les chefs d'« enlèvement, séquestration et détention arbitraire de mineur de quinze ans » retenus par les juges d'instruction.

Le lendemain, je quitte mon cabinet pour rejoindre les parents de Maëlys, quelques minutes seulement avant la conférence de presse. Leur arrivée s'est faite sans encombre. Les trois agents de sécurité les ont entièrement pris en charge, depuis le salon de thé où ils patientaient jusqu'à l'hôtel. Ils m'attendent dans la salle attenante à celle que j'ai réservée et qui est déjà bondée. Ils sont aux portes d'un moment difficile et pour lequel j'espère les avoir préparés au mieux.

Bien qu'éprouvés par les nuits sans sommeil et l'attente qui leur est infligée, les parents de Maëlys me semblent déterminés. Ils veulent prendre la parole. Pour mettre face à ses responsabilités le mis en examen, pointer son attitude suspecte lors du mariage, rappeler les lourdes charges qui pèsent sur lui et qui rendent son silence inacceptable. Pour dire, aussi et surtout, qui est leur fille. Parler pour remercier, enfin, publiquement et solennellement, les milliers de Français qui les soutiennent et participent aux recherches. Parler pour faire taire des rumeurs, et notamment celle selon laquelle ils connaissaient le mis en examen avant les faits, ou encore que le père de Maëlys aurait eu une altercation avec lui. Victimes, mes clients doivent, de surcroît, affronter la malveillance et la calomnie.

Quelques secondes avant d'entrer en scène, je perçois surtout de la détermination dans leur regard. Je la partage, et l'adrénaline me galvanise. Je suis serein et prêt pour cet exercice. J'ai veillé à chaque détail de la conférence de presse et toutes les conditions sont réunies pour que notre parole soit entendue. Nous parcourons une dernière fois le texte de l'allocution. Je leur conseille de prendre tout le temps nécessaire à cette lecture, de penser à reprendre leur souffle entre chaque phrase et leur dis que personne ne leur reprochera de craquer. L'exercice est inédit pour eux, mais ils vont le faire pour elle, pour Maëlys.

Un des agents de sécurité vient nous chercher. Il est déjà 18 h 30. Les journalistes nous attendent. Les chaînes d'information ont entamé leurs directs. Les parents de Maëlys se lèvent pour affronter micros, caméras et flashs des photographes.

J'ouvre la porte, mes clients entrent dans la salle de la conférence de presse et s'installent derrière la table blanche jonchée de dizaines de micros et de dictaphones. Devant nous se dresse un véritable mur de caméras. La salle est bondée mais un silence respectueux se fait instantanément à notre arrivée. La France, bouleversée par la disparition de la petite Maëlys, découvre ses parents, Jennifer et Joachim De Araujo.

2

« Allô, c'est la maman de Maëlys »

Lundi 4 septembre 2017. Jour de reprise au cabinet. Une audience importante m'attend dans la journée. Robe pliée en boule sur le siège arrière de ma voiture, dossiers et cotes de plaidoirie dans le coffre, direction le sud de la France. L'affaire, un dossier d'abus de faiblesse impliquant une ex-escort-girl soupçonnée d'avoir soutiré 80 000 euros à un octogénaire, ne manque pas de sel… La veille, j'ai relu une dernière fois le dossier pour bien préparer mon audience. J'aurai tout le temps, pendant les trois heures de route qui me mèneront au tribunal judiciaire de Béziers, de réfléchir sereinement à ma plaidoirie pour la défense du vieil homme abusé par sa jeune intrigante.

Avant de partir, je fais un rapide détour par une école primaire qui accueille élèves et parents en ce jour de rentrée scolaire. Maire de La Tour-du-Pin, en Isère, à une heure de route de Lyon où j'exerce mon activité professionnelle, je me rends à l'ouverture des portes de l'école, avant de filer à mon audience.

Le temps est estival en cette journée de septembre et, dans quelques jours, je fêterai mes trente-sept ans. Cela fera dix ans que j'exerce mon métier d'avocat. Dès ma prestation de serment, j'ai choisi de m'orienter vers le judiciaire, le pénal en particulier, en parallèle d'une activité plus classique en droit des affaires. Adrénaline, travail dans l'urgence, gros enjeux pour les clients et médiatisation fréquente des dossiers, le pénal me correspond bien, surtout lorsque je défends les victimes. Car mon truc, c'est le pénal, mais côté victimes. Défendre celles et ceux qui, en plus de subir la violence de la société, doivent affronter le parcours semé d'épreuves de la réponse judiciaire. Les accompagner devant les juridictions répressives et obtenir l'indemnisation de leur préjudice. Avocat du « bon côté » pour l'opinion... D'aucuns considèrent avec une pointe de condescendance la défense des victimes, la jugeant trop *mainstream* et conformiste. Ils pensent que le pénal, le vrai, ne peut se concevoir qu'en ferraillant pour la défense et pas pour les parties civiles.

Les premiers dossiers médiatiques n'ont pas tardé à arriver : défense d'une dizaine de familles dans le plus grand scandale pédophile de l'Éducation nationale, d'une mère victime d'enlèvement international d'enfant, de plusieurs dossiers d'assassinats non élucidés, attentat de Nice, dossier d'usurpation d'identité d'un jeune étudiant depuis l'Afrique, défense de commerçants braqués, d'un supporter lyonnais éborgné par un tir de Flash-Ball, d'une famille séquestrée par une équipe venue des pays de l'Est, de dossiers de viols et agressions sexuelles et, un peu plus tard, les affaires dites des « bébés sans bras », ou encore du « violeur libéré Covid »… Je fais régulièrement la une de la presse régionale et même nationale. Mon cabinet prend de l'ampleur et gagne en visibilité.

Au fil des dossiers, je m'emploie à sortir les affaires de leur seul cadre judiciaire pour les mettre sur la place publique : conférences de presse, communiqués, marches blanches, interviews. Je défends mes clients devant l'opinion et les accompagne dans le cadre de la médiatisation de leurs dossiers.

Être à l'initiative, parler clair, tenter de livrer un message court, j'emploie ces techniques devant les médias, avec quelques premiers succès. Ma première conférence de presse me verra dénoncer une fraude électorale dans un petit village isolé du sud de la Corse, un dimanche d'automne, aux côtés de diverses organisations nationalistes mobilisées pour l'occasion. Tant pis si ce n'est pas franchement ma ligne… Je suis parfaitement à l'aise dans l'exercice et défends sans œillères mes clients, quelles que soient leurs convictions. Le lendemain, l'affaire fera la une de *Corse-Matin.*

8 h 35. Après avoir salué parents, élèves et professeurs de l'école primaire, je remonte dans ma voiture et démarre pour prendre la route de Béziers. Mon portable vibre. Je saisis le téléphone, un numéro s'affiche, que je ne connais pas et qui n'est pas enregistré dans mon répertoire. De l'autre côté du fil, une voix féminine, blanche et à peine audible, prononce quelques mots :

— Allô, c'est la maman de Maëlys.

Cette simple phrase se suffit à elle-même. J'ai immédiatement compris qui venait de me contacter. Il s'agit de Jennifer, la mère de la petite Maëlys, disparue depuis plus d'une semaine et dont tous les médias parlent. La veille, les juges d'instruction de Grenoble ont mis en examen Nordahl Lelandais. L'affaire prend une tournure judiciaire, puisqu'une instruction est désormais ouverte. La famille de la fillette peut dès lors se constituer partie civile, prendre un avocat et entrer officiellement dans le dossier.

Au téléphone, je m'excuse d'emblée de ne pas être libre le jour même. Il va falloir nous voir après mon retour de Béziers. Forcément, je regrette de ne pas pouvoir me rendre immédiatement disponible pour cette maman pétrie d'inquiétude pour sa fille disparue et exposée à un véritable déchaînement médiatique… Mais j'ai un dossier à plaider dans l'après-midi et il est hors de question de le confier en catastrophe à ma collaboratrice. Rendez-vous est pris pour le lendemain. Nous nous retrouverons chez les grands-parents de la petite Maëlys, pour sceller officiellement le mandat de défense qu'ils me confient.

La conversation téléphonique avec la mère de Maëlys est brève, mais il y aurait tant à lui dire. J'aurais pu lui poser mille questions, lui donner quelques premiers conseils et partager mon ressenti sur l'affaire, compatir aussi devant la violence inouïe de l'épreuve qu'elle traverse. Mais l'échange est court. À entendre le son de sa voix, je sens que tout cela est abyssal et qu'il n'y a pas grand-chose de plus à ajouter. Le mal se suffit à lui-même et nous nous contentons, à cette occasion, de quelques mots.

Évidemment, les trois heures de trajet qui me mènent à Béziers ne se déroulent pas tout à fait comme prévu…

Je ne parviens pas à réfléchir à ma plaidoirie pour le vieil homme abusé que je vais devoir défendre dans quelques heures. Je ne cesse de penser à cette jeune mère et à cette disparition. Dans la voiture, j'écoute la radio, dont les flashs infos sont tous, sans exception, consacrés aux derniers développements de l'affaire. Je m'arrête pour faire le plein d'essence et prendre un café sur une aire d'autoroute. Je jette un œil au kiosque à journaux : toute la presse consacre sa une à l'affaire. À la cafétéria, la télévision est branchée sur BFM TV : duplex depuis la salle des fêtes de Pont-de-Beauvoisin, reportages sur les recherches en cours en Savoie… Le *scroll*, ce bandeau d'alerte de la chaîne d'information, affiche en continu la mise en examen de Nordahl Lelandais, placé en détention provisoire la veille, au centre pénitentiaire de Saint-Quentin-Fallavier.

Je parcours les derniers kilomètres en pensant à la rencontre du lendemain avec les parents de Maëlys. J'imagine qu'ils n'ont jamais été confrontés à la justice, encore moins à la justice pénale. Il va falloir leur expliquer de manière simple son fonctionnement. Détailler le rôle des différents acteurs de la chaîne pénale, du procureur, des services d'enquête, en passant par le juge d'instruction, sans pour autant les perdre en conjectures inutiles. Leur décrire ma mission et leur expliquer que, dans la mesure où un individu est désormais mis en examen, nous avons une place dans la procédure en nous constituant partie civile. Mais auront-ils vraiment la tête à ça ?

J'arrive au palais de justice de Béziers. Il figure parmi ces nouveaux lieux de justice, modernes et lumineux, construits dans les années 2010. Terminé les parquets, lambris et moulures, la justice se rend désormais dans des immeubles modernes et transparents. Le bâtiment me rappelle le tribunal de Paris, qui regroupe désormais la plupart des activités judiciaires parisiennes, dans le quartier des Batignolles. Mon affaire est appelée dans le milieu de l'après-midi et se déroule plutôt bien. La jeune femme est reconnue coupable d'abus de faiblesse sur le vieil homme. Elle écope d'une peine d'un an d'emprisonnement avec sursis et obligation d'indemniser mon client. J'ai finalement plaidé ce dossier comme je l'entendais. Je suis parvenu à rester concentré tout au long de l'audience.

Une fois le délibéré prononcé, je ne m'attarde pas et emprunte très vite le chemin du retour. J'appelle ma secrétaire et j'annule tous les rendez-vous du lendemain. Je préviens ma collaboratrice, jeune avocate que j'ai recrutée un an auparavant, et lui demande de m'accompagner pour ce rendez-vous important. Sa présence sera précieuse pour soutenir les parents de Maëlys, si durement éprouvés.

Le soir, de retour au cabinet, nous prenons un moment pour cerner les enjeux de la rencontre du lendemain.

J'appelle les parents de Maëlys le jour de notre rendez-vous. L'horaire est confirmé. Ils me disent de me méfier des journalistes qui rôdent autour du domicile des parents de Jennifer.

Sur le trajet, ma collaboratrice est moi sommes à la fois impatients et fébriles. Je suis rompu aux affaires criminelles. La médiatisation d'un dossier ne me pose pas de problème. Au contraire, j'ai appris à l'utiliser au profit de mes clients. Reste que dans cette affaire, non seulement le retentissement médiatique semble totalement hors de contrôle mais, en outre, la fillette n'a pas été retrouvée.

Je me dis, en somme, que cette affaire est « en cours » sur le plan judiciaire, mais que les faits eux-mêmes le sont peut-être également... Une chose est de traiter un dossier relatif à des faits datant d'un an ou deux ans auparavant. Mais affronter un crime en train de se dérouler sous les yeux de millions de Français constitue, de loin, une tout autre affaire. Et si Maëlys était retenue vivante quelque part ?

Devant le portail des parents de Jennifer, je tente de rassembler mes esprits et me rappelle les principaux points à évoquer lors du rendez-vous qui nous attend.

C'est le grand-père de Maëlys qui nous accueille. Un homme grand, à l'allure robuste, au regard qui transpire la bonté dès le premier coup d'œil. Bien que visiblement éprouvé par les événements, il tient à me saluer chaleureusement et m'ouvre sa porte comme à un visage familier. Une fois le seuil franchi, mon regard se tourne instinctivement vers la cuisine, dont la porte est ouverte et où la télévision est allumée. Autour de la table, les parents de Maëlys, assis et entourés du reste de la famille. Cette vision est un choc. Elle nous foudroie littéralement, ma collaboratrice et moi : une assemblée plongée dans l'inquiétude. L'épuisement se lit sur les visages. Les yeux rougis sont rivés, fatalistes, vers la télévision qui, inlassablement, bombarde ses nouvelles toujours plus désespérantes.

Je salue les parents de Maëlys. Nous quittons la cuisine pour la salle à manger, plus calme, afin d'échanger de manière confidentielle, sans le reste de la famille.

Je m'installe à la table. Je profite de ce moment pour reprendre mon souffle et me concentrer.

D'emblée, j'entame la discussion. Je leur demande comment ils parviennent à garder espoir et à surmonter la violence d'une telle épreuve. J'essaye de les soutenir en trouvant les mots justes. Ils m'écoutent poliment mais, bien qu'anéantis, ils sont parfaitement lucides. Ils ont compris que le mal vient de frapper leur famille, que ce qui est arrivé à leur fille n'a pas été improvisé, qu'ils ont affaire à un enlèvement de sang-froid, méthodique. Que son auteur n'a rien laissé au hasard.

Je parviens peu à peu à reprendre le dessus sur mes émotions. Comme prévu, je leur explique le rôle des différents protagonistes d'un tel dossier criminel, leur détaille la chronologie d'une affaire pénale, les différentes étapes qui les mèneront jusqu'au procès.

Ils découvrent un monde, celui de la justice pénale, souvent perçu comme hermétique et distant ; un monde qui a ses codes, son vocabulaire, ses usages et ses règles propres. Justice pénale dont la mission première n'est pas d'être au service des victimes, y compris dans une telle affaire, et qui n'accorde que de maigres prérogatives aux parties civiles. Je vais devoir, tout au long des développements de l'affaire, constituer un lien, pédagogue et disponible, entre la justice et cette famille.

Un gradé de la gendarmerie a été spécialement affecté aux relations avec la famille de Maëlys. C'est une bonne chose. Il les tiendra informés des différentes avancées de l'enquête, pourra répondre à leurs questions et confirmer ou non les nombreuses informations qui circulent dans les médias et sur Internet. Il pourra, lui aussi, se faire l'interprète d'une justice difficilement accessible et, en parallèle, je pourrai le joindre sur son portable, ce qui n'est pas inutile.

J'ai en tête les droits offerts par le Code de procédure pénale aux victimes, notamment l'accès au dossier d'instruction et les demandes d'actes. Car si la victime ne constitue pas l'épicentre du procès pénal, elle a pu, au fil du temps, gagner sa place et jouer un rôle moins anecdotique dans la procédure.

Dans notre affaire, Nordahl Lelandais vient d'être mis en examen. Conséquence directe, mes clients peuvent se constituer partie civile et avoir accès, par mon intermédiaire, au dossier dans le bureau du juge d'instruction. Nuance d'importance et cause de bien des déconvenues pour les victimes, entre le dossier à jour dans le bureau du juge et la réalité des investigations en cours s'étalent, en réalité, plusieurs semaines, voire plusieurs mois.

En clair, il faut attendre souvent un long moment pour qu'une audition importante, un rapport d'expertise ou d'autres pièces en possession des enquêteurs soient officiellement « rentrés » chez le juge et mis à la disposition des parties. Nous l'apprendrons plus tard et à nos dépens : des pièces essentielles du dossier d'enquête parviendront tardivement aux magistrats, demeurant en la seule possession des enquêteurs, sans que nous puissions y avoir accès. En parallèle, certains médias bien informés en révéleront le contenu au nez et à la barbe des juges d'instruction et du parquet et, naturellement, sans que nous en soyons informés au préalable…

Je songe que nous pourrons former des demandes d'actes. Elles permettent de solliciter « tout acte utile à la manifestation de la vérité ». En clair, si les juges mènent leur instruction comme ils l'entendent, nous pouvons demander que soient effectuées des investigations complémentaires. En théorie, tous les actes susceptibles de faire avancer le dossier peuvent être demandés par les parties, à charge pour le juge d'instruction d'y faire droit ou non. La chose semble intéresser les parents de Maëlys, car de nombreuses pistes peuvent encore être explorées, dont d'éventuelles complicités, ou celle, rapidement écartée mais qui ne pouvait être exclue à ce stade de l'affaire, d'une dimension internationale de l'enlèvement de la fillette.

J'explique que la justice pénale prend du temps et qu'il va falloir être patient. J'ai pris l'habitude, lors de mes rendez-vous avec les victimes, de leur dessiner, à main levée, un petit schéma de procédure. Cette frise chronologique les aide à se figurer les différentes étapes qui les attendent et à mesurer le rapport au temps qu'implique une affaire criminelle de cette envergure. Je trace ce dessin sur une feuille, pour leur donner quelques premières clefs de compréhension.

Nous évoquons aussi l'idée d'une rencontre avec les juges d'instruction. Elle me paraît indispensable pour mieux cerner le sens des investigations dirigées par les magistrats, mais aussi pour sonder leur motivation, comprendre leur stratégie, tout en leur faisant part de nos souhaits ou de renseignements utiles à l'enquête. J'adresserai donc ma demande d'audition de partie civile au plus vite.

J'ai beaucoup de choses à leur dire, de nombreux éclaircissements techniques qui plus est. Mais il me semble préférable de les ménager à l'occasion de ce premier rendez-vous.

Nous prenons le temps de parler de Nordahl Lelandais. Il vient d'être mis en examen et de premières charges ont conduit les juges à le placer en détention. C'est vers lui que les regards de la France entière se tournent. Mais pas seulement… Au cours de notre conversation, la mère de Maëlys me confie qu'elle a eu, très vite, de sérieux doutes sur cet homme, notamment pour deux raisons bien précises, qu'elle relèvera d'ailleurs publiquement à l'occasion des interviews qu'elle accordera plus tard à la presse.

D'une part, lors de la soirée du mariage, il a entrepris de discuter avec Maëlys et de lui montrer sur son téléphone portable les photos de ses chiens. Cette précision a son importance. Car la mère de Maëlys me révèle que sa fille aimait les animaux et qu'elle faisait confiance aux adultes qui partageaient sa passion des chiens. De retour auprès de sa mère, après avoir discuté avec cet inconnu, la fillette l'aurait appelé « tonton », signe d'une certaine proximité instaurée par cet homme.

D'autre part, la mère de Maëlys a été troublée par l'attitude suspecte de Nordahl Lelandais, revenu furtivement à la salle de mariage après que sa fille s'était évaporée, et alors que l'ensemble des invités s'activait, en panique, à rechercher la fillette. Elle l'avait alors croisé et, dans la confusion, lui avait demandé s'il avait vu sa fille. Sa réponse, négative, le regard fuyant et détaché, l'avait intriguée.

Je leur conseille, comme je le peux, de s'éloigner de leur télévision et de leur smartphone, dont la lumière bleue et le flot d'informations ininterrompu achèvent de les épuiser. Si des nouvelles, des vraies, devaient tomber, elles nous parviendraient du gradé de la gendarmerie chargé de les accompagner, du procureur ou des juges de Grenoble, mais sûrement pas des médias. Je leur recommande de s'isoler en famille, d'essayer de prendre soin d'eux et de leur fille aînée. Facile à dire et à conseiller… Impossible, avec l'angoisse qui les ronge et les nouvelles glanées sur les écrans, totalement addictives.

Je prépare un bref communiqué que j'adresserai le lendemain à la presse. Sobre, il sera porté à l'attention de l'ensemble des médias. Le texte se contentera d'indiquer que mes clients se constituent partie civile, qu'ils appellent au secret de l'instruction, remercient soutiens et enquêteurs. Et qu'ils ne répondront à aucune sollicitation des médias jusqu'à nouvel ordre.

3

Un été plein de promesses

Automne 2021. Quatre ans ont passé depuis cette tragique nuit d'août 2017 et l'appel de la mère de Maëlys sur mon portable. Nous voici désormais à quelques mois du procès qui verra Nordahl Lelandais répondre de ses actes devant la cour d'assises. Au fil des jours, la pression commence à monter. La réunion de préparation du procès, organisée en septembre à l'initiative du procureur général, achève de me convaincre qu'il va falloir, de mon côté également, monter en puissance en prévision de l'échéance tant attendue. Au cours de cette rencontre, les centaines d'accréditations de journalistes, le budget de plus de 200 000 euros consacrés à la sécurité et à l'organisation des trois semaines d'audience me donnent une idée très concrète, et à vrai dire assez vertigineuse, de ce qui m'attend.

Quelque temps auparavant, Joachim, le père de Maëlys, séparé de ma cliente, prend son propre avocat. J'encaisse difficilement, mais je suis lucide : de nombreux confrères feraient des pieds et des mains pour « rentrer » un tel dossier. Finalement, le moment venu, je travaillerai avec plaisir et en parfaite collaboration avec cet excellent pénaliste aux plaidoiries percutantes. Aux côtés de la mère de Maëlys et de sa fille Colleen, je défendrai les grands-parents, la tante et les cousins de la fillette, qui décident eux aussi de se constituer partie civile et de me mandater en prévision des assises.

À trois mois de l'échéance, je propose à Jennifer de nous voir, chez elle, en fin de semaine, les vendredis après-midi. Non pour évoquer le dossier, mais pour parler d'elle, de sa fille et de leur vie d'avant le drame. J'ai besoin de me nourrir de leur parcours, de revivre les jours heureux de cette famille et de me figurer précisément qui était Maëlys, pour mieux restituer son visage devant les jurés de la cour d'assises.

À mon arrivée chez Jennifer, pour notre premier rendez-vous du vendredi, je suis agréablement surpris par l'énergie, tranquille et radieuse, qui me semble jaillir du foyer. Colleen, désormais adolescente, est de retour, souriante, après une virée en voiture sans permis. Une nuée de chiens débordant d'affection m'attend au portail. La vie, en ce bel après-midi ensoleillé d'octobre, semble décidément reprendre son cours.

Nous nous installons dans le salon, partageons quelques chocolats que j'ai apportés pour l'occasion, et me voilà plongé pendant trois heures dans la vie de Maëlys et de sa famille. Pour l'occasion, je suis muni d'un cahier à spirale et je note tout, méticuleusement, tel un journaliste. Mes notes doivent être exhaustives, quitte à ne pas les exploiter en totalité pendant les assises.

Jennifer me parle de sa vie d'avant. De la naissance de ses deux filles et des premiers temps de la famille.

De cette rentrée des classes, pour Colleen en CP et pour Maëlys en première année de maternelle, à laquelle elle regrette de n'avoir pu assister, retenue par ses cours à l'école d'infirmière. De l'éloignement du papa, qui partait en semaine travailler en Suisse, des balades et randonnées tous les quatre, qui leur permettaient de se ressourcer pendant le week-end. Des sorties ski dans le Jura et des progrès de Maëlys qui faisaient la fierté de la famille, glanant ourson, flocon, première et deuxième étoiles. Des concerts à Dijon, en famille, des sorties cinéma ou au bowling.

Elle me décrit la scolarité de Maëlys, élève consciencieuse et appliquée, qui a très vite su écrire. Elle qui avait l'habitude de se lever le matin pleine d'énergie, était une petite fille débrouillarde. Sa maman tenait à ce qu'elle soit autonome. Plus tard, quand Jennifer travaillera de nuit, il arrivera que les filles déjeunent seules à midi et partagent le repas préparé la veille par leur mère.

Au cours de la conversation, nous revenons sur l'été 2017, celui où tout a basculé. C'est l'occasion pour moi d'en savoir plus sur la période qui précède le drame, notamment deux épisodes auxquels je n'avais pas vraiment prêté attention et sur lesquels je devrai, sans doute, revenir devant la cour d'assises.

Jennifer me précise que cette rentrée qui s'annonçait portait les signes d'un nouveau départ pour sa fille. En CE2 à l'école publique communale, Maëlys avait été malmenée par ses camarades de classe. Il lui arrivait fréquemment de rentrer à la maison en pleurs. Lors d'une réunion organisée avec l'équipe de l'école, le maire et les parents de Maëlys, celle-ci avait tenu à être présente pour dénoncer les brimades dont elle faisait l'objet et affirmer sa volonté de changer d'école dès la rentrée suivante. Plus sereine, la perspective de la rentrée de septembre 2017 dans un nouvel établissement rassurait la fillette. Maëlys abordait la classe de CM1 pleine d'allant.

Autre épisode sur lequel je ne m'étais pas attardé jusque-là, les vacances estivales au Portugal. Jennifer me confie qu'elles avaient constitué un vrai bol d'air pour la famille, mais que leur séjour avait été émaillé d'une frayeur. Un épisode qu'elle garde en mémoire.

La fillette, pourtant de nature prudente, avait en effet entrepris de tromper la vigilance de ses parents, lors d'une fête dans un parc de Barcelos à laquelle la famille assistait. Maëlys, qui était censée jouer près d'un bassin après avoir demandé l'autorisation de ses parents, ne s'y trouvait plus et s'était dirigée, seule, vers une piste de voitures à pédales, située quelques mètres plus loin. Vite retrouvée, saine et sauve, Maëlys en fut quitte pour une grosse colère de ses parents et termina la soirée en pleurs.

Toutes proportions gardées, cet incident a marqué Jennifer. Elle tient à m'en dire quelques mots et pense que l'événement, certes mineur, a malgré tout son importance. Car s'ensuivirent pour Maëlys plusieurs consignes répétées de la part de sa mère, qui lui dit qu'elle aurait pu, ce soir-là, être enlevée par un adulte. Jennifer lui confia qu'elle-même, alors enfant, avait été abordée par un homme qui avait manqué de l'enlever. Après cet incident, Jennifer avait été très claire avec sa fille :

— Si un méchant t'emmène un jour, tu le griffes, tu cries et tu lui tapes dans les parties !

Du reste, Maëlys n'était pas du genre à faire confiance à des inconnus. Elle était d'un tempérament craintif avec les adultes, au point qu'elle refusait de s'endormir, en fin de soirée, lorsqu'elle et ses parents étaient invités, par peur d'être abandonnée par ceux-ci.

Je conclus des confidences de Jennifer que le tempérament de sa fille ne collait en rien avec l'hypothèse selon laquelle elle aurait pu monter spontanément dans l'Audi de Nordahl Lelandais, le soir du mariage. J'en prends note en prévision du procès. Ma cliente, devant la cour d'assises, dans l'ouvrage qu'elle publiera et lors de différents entretiens qu'elle accordera aux médias, reviendra d'ailleurs en détail sur chacune de ces scènes de vie et anecdotes.

En fin d'après-midi, à ma demande, Jennifer accepte de ressortir quelques affaires de Maëlys soigneusement gardées auprès d'elle. Le cartable neuf, arborant un drapeau anglais, la trousse et l'ensemble des fournitures scolaires avaient été achetés dès le mois de juillet. Maëlys était impatiente à l'idée d'intégrer sa nouvelle école. Cette année de CM1 sonnait comme un nouveau départ.

Quelques jours après leur retour de vacances au Portugal, c'est l'esprit léger que la famille De Araujo se rendit au mariage d'Eddy, un cousin de Jennifer. Lors du début de la soirée qui suivit la cérémonie, Jennifer nota ainsi avec satisfaction que Maëlys jouait avec d'autres enfants et qu'elle paraissait heureuse et épanouie, après cette année de CE2 compliquée. Ce dernier moment agréable, en famille et entourée d'amis, portait les promesses d'une rentrée réussie.

Tout ou presque a été dit sur le cauchemar qui a suivi. J'ai le sentiment que chaque seconde du drame vécu par les parents de Maëlys peut être rejouée par les Français. Que chacun d'entre nous peut se remémorer les différents moments de la disparition, tant l'affaire a fait parler d'elle. Tant les Français se disent, dans leur for intérieur, que ça aurait pu aussi leur arriver.

Nordahl Lelandais, l'invité de dernière minute au mariage, à l'attitude désinvolte lors de l'apéritif, habillé d'un simple short et d'un t-shirt et dont la photo fit, en son temps, la une de *Paris Match* ; la proximité instaurée avec la fillette, qui s'évapore plus tard dans la soirée ; l'appel du DJ, la musique brusquement coupée et la fête qui vire au drame ; les premières recherches dans la confusion, l'appel au 17 et l'apparition furtive de Lelandais, qui croise le regard de Jennifer, laquelle s'active pour retrouver sa fille ; l'arrivée des gendarmes, qui constatent que les chiens renifleurs marquent au niveau du portail de la salle des fêtes, signe que Maëlys est montée à bord d'un véhicule… Tous les Français savent ce qui s'est joué lors de cette tragique soirée de fin d'été.

À l'évidence, l'affaire a été prise au sérieux dès la disparition de la fillette. Le procureur de Bourgoin-Jallieu, puis celui de Grenoble, saisi ultérieurement compte tenu de la nature criminelle des faits, ont, lors de deux conférences de presse successives, rappelé les moyens très importants déployés, tant pour rechercher Maëlys que pour confondre l'auteur des faits.

Les choses sont allées vite, entre le moment où ma cliente appelle le 17 et la venue des premières équipes de gendarmes sur place. Vingt-huit minutes précisément. Un vaste dispositif de recherche est mis en place : hélicoptère survolant les lieux et partant en urgence jusqu'à la maison familiale pour récupérer une peluche de la fillette afin de faciliter le travail des chiens de l'unité cynophile, plongeurs sondant la rivière qui longe la salle des fêtes, battues associant les habitants venus apporter leur aide, diffusion de la photo de Maëlys, saisine d'Interpol… L'alerte enlèvement, dispositif qui a fait la preuve de son efficacité, n'a cependant pas été déclenchée par les autorités. Sur ce point, le parquet répondra à un début de polémique, rapidement éteint, en précisant que cet outil n'est mis en œuvre qu'à certaines conditions. Celles-ci n'étaient pas réunies dans notre affaire, puisque dans les toutes premières heures suivant la disparition de Maëlys, aucune information sur un supposé enlèvement ne permettait son déclenchement. Côté investigations, là aussi, la détermination des enquêteurs n'a pas failli. Dès leur arrivée, les gendarmes ont rapidement entendu les premiers témoins et, le lendemain, ils ont procédé aux auditions des cent quatre-vingts invités du mariage. Recherches au fichier des auteurs d'infractions sexuelles, perquisitions, gardes à vue, écoutes téléphoniques et exploitation des caméras de vidéoprotection du secteur, tout, vraiment tout a été tenté pour retrouver Maëlys.

Plus tard, des investigations en matière de téléphonie et des prélèvements effectués dans le véhicule de Nordahl Lelandais, analysés par les experts de l'Institut de recherche criminelle de la Gendarmerie nationale (IRCGN), permettront des avancées décisives dans l'enquête. Jusqu'à cette tache brunâtre retrouvée sous les plastiques du coffre de son Audi A3, qui sera identifiée comme étant le sang de Maëlys et qui conduira le mis en examen à reconnaître sa responsabilité, puis à désigner le lieu où gisait le corps de sa petite victime. Rien n'est à reprocher aux gendarmes dans cette affaire. D'ailleurs, si un bout de vérité a fini par jaillir, nous le devons au travail des enquêteurs. Sûrement pas à Nordahl Lelandais.

L'été 2017, plein de promesses pour Maëlys, signe la fin tragique de sa courte vie. Parmi les fournitures scolaires que Jennifer retrouve et me remet, ce vendredi après-midi, figure un petit agenda scolaire 2017-2018. Je l'ouvre et parcours la première page. Y sont notés à l'encre le nom de sa jeune propriétaire et sa classe : « Maëlys De Araujo, CM1. » Je tourne quelques pages, le planning est coché au stylo de deux dates, Halloween, et son anniversaire, le 5 novembre. Les autres pages sont vierges de toute écriture, désespérément blanches. J'emporte avec moi ce petit agenda et prends le chemin du retour. Je le pose, avec soin, sur le siège passager de ma voiture. Je démarre puis rentre à mon domicile, après avoir salué Jennifer et Colleen. Nous convenons de nous revoir, très vite, pour un autre rendez-vous du vendredi après-midi. Je les laisse à leur vie, qui reprend son cours à mesure que ma voiture s'éloigne. Sur la route, je pose un instant mon regard sur ce petit agenda qui appelait tant de pages à écrire. Je relève les yeux pour tenter de fixer la route, mais cette vision me submerge d'émotion. Mille images de cette fillette défilent en un instant dans ma tête. Mes mains se crispent soudainement sur le volant, les premières larmes pointent. Elles inondent mon visage, je ne peux pas les retenir. Je gare ma voiture sur le bas-côté de la route, j'ai besoin de respirer.

4

Une petite silhouette vêtue d'une robe blanche

Jeudi 30 novembre 2017. Nordahl Lelandais est convoqué pour un nouvel interrogatoire devant les juges. Quelques jours auparavant, le parquet de Grenoble a délivré un réquisitoire supplétif pour « meurtre précédé d'un autre crime », s'ajoutant à la qualification d'« enlèvement, séquestration et détention arbitraire de mineur de quinze ans » retenue jusque-là. Le parquet considère que les investigations permettent de mettre en cause Nordahl Lelandais non seulement pour l'enlèvement de Maëlys, mais aussi pour l'avoir tuée volontairement.

Depuis un moment, une rumeur circule au sujet d'une preuve qui confondrait sérieusement le mis en examen. Il me revient aux oreilles, à plusieurs reprises et par des interlocuteurs différents, que Nordahl Lelandais serait compromis par une photo de sa voiture, prise le soir de la disparition, alors qu'il venait de quitter le mariage…

On évoque un radar automatique qui l'aurait flashé en excès de vitesse ou une image extraite d'une vidéosurveillance. Certains parlent de la présence de la fillette à bord de la voiture du mis en examen. Dès la fin du mois de septembre, des journalistes révèlent l'information et annoncent « un document photographique au cœur de l'enquête ». Le 19 octobre, *Le Dauphiné libéré* va plus loin et donne des détails supplémentaires, assurant qu'« une forme blanche apparaît à la place du passager » de l'Audi A3 de Lelandais. L'information du quotidien régional est très largement reprise. Conséquence directe, le standard de mon cabinet est pris d'assaut par les journalistes, qui sollicitent ma réaction et celle de mes clients.

À ce stade, l'information est invérifiable. Je préfère rester prudent. Je limite donc mes commentaires dans la presse au strict minimum. Je rappelle le principe du secret de l'instruction et dénonce cette nouvelle fuite qui pourrait entraver l'avancée de l'enquête.

Dans le dossier d'instruction, que je consulte pourtant régulièrement, aucun procès-verbal, aucune pièce ne fait mention de la moindre photo ou d'une quelconque vidéo de ce type. Les informations sorties dans la presse semblent néanmoins sérieuses, assez détaillées.

J'imagine que, si elle existe, cette preuve doit être conservée par les enquêteurs, notamment pour être analysée par les experts de l'IRCGN. Surtout, je me dis qu'elle sera rentrée au dossier chez les juges d'instruction le plus tard possible, pour limiter les risques de fuite mais aussi pour ménager l'effet de surprise vis-à-vis du mis en examen.

En effet, les parties doivent attendre que la pièce soit formellement cotée au dossier d'instruction pour y avoir accès et la consulter chez les juges. Il arrive très souvent que des procès-verbaux importants soient retenus par les enquêteurs, pour ne pas gêner leurs investigations… Patience, donc. Je dois attendre que le dossier en possession des juges soit mis à jour pour vérifier l'existence de cette preuve et, le cas échéant, en apprécier l'intérêt. La situation n'en demeure pas moins délicate à gérer par rapport à mes clients. Je sens qu'ils peinent à comprendre comment des informations d'une telle importance peuvent sortir dans la presse sans que leur avocat puisse y avoir accès.

Je devrais néanmoins pouvoir rapidement prendre connaissance des derniers procès-verbaux de l'affaire. En toute logique, si cette fameuse image a bel et bien été révélée par l'enquête, elle sera versée au dossier d'instruction cinq jours, et pas un de plus, avant l'interrogatoire du mis en examen. J'attends donc que Nordahl Lelandais soit interrogé et que le dossier soit mis à jour, pour ensuite en prendre connaissance. L'interrogatoire est prévu en début de matinée, vers 9 heures, au palais de justice. Dès la sortie de cellule de Nordahl Lelandais, les médias annoncent qu'il est conduit sous bonne escorte chez les juges, pour y être interrogé.

J'apprends, un peu plus tard, que le procureur de Grenoble tiendra une conférence de presse en fin de journée. S'il prend une telle initiative, c'est qu'il doit forcément avoir une bonne raison. Je rentre précipitamment au cabinet pour suivre la conférence retransmise en direct sur toutes les chaînes d'information.

J'envoie un SMS à mes clients. Nous convenons de nous appeler après avoir écouté le procureur.

À 18 heures précises, le magistrat prend la parole. Il annonce que Nordahl Lelandais vient d'être mis en examen du chef de meurtre, en plus de l'enlèvement retenu jusque-là. Je l'écoute détailler les différents éléments à charge contre Nordahl Lelandais. Il énumère les indices qui confirment l'implication du trentenaire et retrace la chronologie de la nuit de la disparition de la fillette avec un maximum de précision.

Au cours de la conférence de presse, il finit par évoquer la fameuse image qui confondrait Nordahl Lelandais. S'agit-il d'une photographie ou d'une vidéo ? Le mis en examen et Maëlys sont-ils formellement identifiables sur ce document ? J'attends, comme tous ceux qui le regardent, les explications du procureur.

Effaçant avec son mouchoir quelques gouttes de sueur qui perlent sur son front, le procureur révèle, devant micros et caméras, l'existence de cette pièce du dossier. Je comprends qu'il s'agit bien d'un extrait de vidéosurveillance qui permet de discerner l'Audi A3 de Nordahl Lelandais quittant la salle des fêtes, avec à l'intérieur, côté passager, la silhouette de la fillette.

Je l'écoute décrire, pesant chaque mot, la vidéo qu'il a consultée. Il affirme d'un ton clair et dénué d'ambiguïté :

— À 2 h 47, son véhicule est filmé par une caméra de vidéosurveillance du centre-ville de Pont-de-Beauvoisin. À l'avant du véhicule, une silhouette frêle de petite taille, qui est vêtue d'une robe blanche, se trouve sur le siège passager.

Quelques minutes plus tard, le procureur donne d'autres renseignements. Il précise que le véhicule de Nordahl Lelandais aurait été identifié grâce à des détails de la carrosserie. Il indique que la silhouette visible à l'avant de la voiture a des cheveux bruns.

La rumeur selon laquelle les enquêteurs tenaient une nouvelle preuve de nature à confondre Nordahl Lelandais est donc avérée. L'exploitation par les gendarmes des centaines d'heures de vidéo émanant des caméras des alentours a fini par porter ses fruits. L'enquête fait un grand pas en avant.

L'interrogatoire de Nordahl Lelandais et la conférence de presse du procureur terminés, il est désormais temps pour moi de me faire ma propre opinion sur ces images. Je peux demander aux juges d'avoir accès aux dernières cotes du dossier d'instruction. Je leur fais donc déposer une clef USB vierge. La greffière accepte de télécharger rapidement la vidéo. La clef contenant le précieux fichier m'est très vite retournée.

Évidemment, c'est avec une certaine impatience que je la branche sur mon ordinateur. Pendant sa conférence de presse, le magistrat semblait sûr de son fait. Il avait livré de nombreuses précisions et paraissait convaincant, ou *a minima* convaincu. Au moment de lire le fichier, j'essaie de faire abstraction de ce que les médias prétendent. À entendre les commentateurs, il s'agirait d'une « preuve accablante » contre Nordahl Lelandais. Mais combien sont-ils à l'avoir réellement vue de leurs yeux ?

Quant au procureur, en écoutant une nouvelle fois et à tête reposée sa conférence de presse, je me rends compte qu'il prend tout de même quelques précautions de langage. S'il évoque une silhouette frêle et une robe blanche, il ne va pas jusqu'à déclarer qu'il a formellement identifié Maëlys dans la voiture. Pas plus qu'il n'affirme explicitement que Nordahl Lelandais serait le conducteur de l'Audi A3. Prudence donc...

Je préfère visionner la vidéo seul, sans solliciter l'avis de qui que ce soit. Ces images sont d'ailleurs couvertes par le secret de l'instruction.

Après quelques visionnages, je conclus que le procureur n'a pas parlé à tort et à travers. Il s'agit bien d'un des éléments décisifs du dossier.

Quelques jours plus tard, dans mon bureau, la mère de Maëlys distinguera la silhouette de sa fille, assise côté passager, dans la voiture de Nordahl Lelandais. Elle notera des détails de la robe blanche qu'elle portait le soir du drame, notamment la bretelle qui couvrait une partie de son épaule. En quittant mon cabinet, la mère de Maëlys a la certitude qu'elle vient de voir, sur l'écran de mon ordinateur, les derniers instants de sa fille vivante.

L'affaire tournera quelques jours plus tard à l'affrontement médiatique entre la défense et le parquet. Contestant la version du procureur, l'avocat de l'accusé affirme que la vidéo ne permet pas d'identifier la silhouette de Maëlys dans la voiture de son client. Assistant à l'interview donnée en direct par le conseil de Nordahl Lelandais sur BFM TV, la mère de la fillette tombe littéralement des nues. Elle qui a vu et revu cette vidéo ne comprend pas comment on peut prétendre ne pas distinguer la silhouette de sa fille, ou au moins celle d'une jeune enfant vêtue d'une robe blanche.

Elle me demande où veut en venir la défense de Nordahl Lelandais. Cherche-t-elle à discréditer les investigations ? À semer le doute sur l'identité de l'auteur de l'enlèvement ? Tout cela l'inquiète.

Car en cette fin d'année 2017, le temps presse et joue contre nous. Malgré les recherches déployées pour retrouver sa fille, Maëlys demeure introuvable. Et il est de plus en plus évident que seul le mis en examen peut nous dire où elle se trouve.

5

Road-trip : sur les traces de Nordahl Lelandais

Dimanche 7 novembre 2021. Nous voilà à moins de cent jours des assises. Je relis quelques-unes des pièces du dossier à tête reposée, tout en essayant d'adopter un regard neuf sur ces procès-verbaux que je parcours, pour certains, depuis près de quatre ans. L'affaire, que je pense bien maîtriser, ne se résume pas aux dizaines de tomes du dossier d'instruction, aux centaines d'auditions et d'expertises. Maîtriser un dossier, c'est en connaître chaque pièce, mais pas seulement. Il faut le digérer, tenter de l'appréhender sous ses différents angles. J'ai besoin, à trois mois du début du procès, de retrouver certains lieux où l'affaire s'est jouée et que je n'ai pas revus depuis la reconstitution organisée en septembre 2018. Autant dire une éternité.

Cette reconstitution s'était déroulée dans une atmosphère irréelle, en pleine nuit, sous la lumière des puissants projecteurs de la gendarmerie. L'exercice m'avait semblé manquer de fluidité, mobilisant pas moins de deux cents personnes : magistrats, greffiers, avocats, experts, entourés de dizaines de gendarmes lourdement armés. Je nous revois, mes clients et moi, parmi les véhicules qui s'ébranlaient pour se rendre sur les différents sites choisis par les juges. Des dizaines de fourgons de gendarmerie, les véhicules personnels des uns et des autres… Le cortège était digne d'une entrée de ville aux heures de pointe. Nordahl Lelandais, casqué et revêtu d'un gilet pare-balles, était en permanence harnaché à une corde d'escalade par un gendarme du GIGN. Nous étions tenus à bonne distance de lui. Les mesures de sécurité prises ce soir-là, certes parfaitement compréhensibles, avaient néanmoins alourdi l'exercice et empêché la spontanéité, la part d'imprévu qui font parfois basculer un dossier.

En somme, j'avais davantage gardé le souvenir de cet impressionnant dispositif que des lieux en tant que tels. Je décide donc de me rendre directement à plusieurs endroits importants de l'affaire pour me les réapproprier.

Direction la petite commune de Pont-de-Beauvoisin. La bourgade a pour particularité d'être située à cheval sur deux départements, l'Isère et la Savoie. Elle est séparée par une rivière, le Guiers, qui prend sa source dans le massif de la Chartreuse, tout proche. C'est à quelques mètres de cette rivière que Maëlys a disparu, dans la salle polyvalente où se déroulait le mariage. Deux autres sites m'intéressent également : la station-service et l'emplacement des deux caméras de vidéoprotection installées en centre-ville.

Le temps, brumeux en ce dimanche après-midi d'automne, laisse deviner les paysages alentour, qui alternent entre collines et montagnes, dans cette région située aux contreforts des Alpes. Sur la route, de petits panneaux portant l'inscription « Justice pour Maëlys », assortis de la photo de la fillette au regard perçant et aux longs cheveux bruns, ont été apposés en bordure de la chaussée, à l'entrée des bourgades environnantes. J'aime cette affiche, sobre et puissante à la fois, sûrement l'une des plus belles et expressives représentations de la jeune fille. Elle est assortie d'un message simple qui résume bien l'état d'esprit des habitants du secteur : que justice soit rendue à cette petite fille.

J'arrive à la station-service et me gare à proximité. L'équipement réunit sur un même site, en bordure de route départementale, des rouleaux de lavage automatique, des lances à eau haute pression et, quelques mètres plus loin, une station essence. Rien que de très banal à l'entrée d'une commune rurale. Pourtant, c'est ici que s'est déroulée une des scènes importantes de l'affaire.

Le lendemain de la disparition de Maëlys, alors qu'il venait tout juste d'être entendu par les gendarmes qui procédaient à l'audition des invités du mariage, Nordahl Lelandais se rendait dans cette station de lavage pour récurer littéralement sa voiture. La scène, filmée par les caméras situées sur le toit de la station, a intéressé de près les enquêteurs. Quelques mois plus tard, le procureur de Grenoble en révèle les détails lors de sa conférence de presse : deux heures de nettoyage pour le moins poussé, à coups de brosse, de lance à eau et même de produit lave-jantes, y compris à l'intérieur de l'habitacle de l'Audi A3 grise de l'accusé. Détail peu banal : Nordahl Lelandais prend la précaution d'emporter dans un sac plastique les lingettes qu'il a utilisées pour laver l'habitacle, plutôt que de les jeter dans la poubelle à sa disposition sur place.

Preuve que l'endroit est bel et bien emblématique de l'affaire, deux affichettes « Justice pour Maëlys » sont toujours collées, de façon bien visible, sur le local technique attenant à la station de lavage.

Je scrute en détail l'équipement, sous les regards étonnés des automobilistes venus laver leur voiture en ce dimanche de novembre. Les quatre caméras de vidéosurveillance sont positionnées en hauteur, elles sont facilement remarquables. Un peu partout, des autocollants indiquant « équipement sous vidéoprotection » sont apposés. Le site semble en outre assez fréquenté. C'est donc ici, visiblement en présence d'autres automobilistes et sous l'œil des caméras, que Nordahl Lelandais s'emploie à faire disparaître les traces attestant de la présence de la fillette dans son véhicule.

Je quitte les lieux et me dirige vers la salle des fêtes, située à quelques kilomètres en contrebas. À mon arrivée, je suis accueilli par une grande banderole blanche apposée sur la clôture métallique de la salle, sur laquelle est écrit, en lettres capitales rouges : « LA VÉRITÉ POUR MAËLYS, ON NE LÂCHERA PAS. » À gauche du portail, cinq affichettes « Justice pour Maëlys » sont collées sur le panneau d'entrée de la salle. Visiblement, le site reste un lieu où les habitants et proches de la famille de la fillette viennent se recueillir. Sur ma droite, face au portail et à la salle des fêtes, se trouve le petit chalet du gardien. Bardé de bois et joliment orné de géraniums, il contraste pour le moins avec la salle polyvalente plantée à quelques mètres et qui, avec son local technique, ses portes vitrées et ses murs gris, ressemble à tant de bâtiments publics des années 1980 qui enlaidissent nos villages.

Je me souviens très bien de notre arrivée à la salle des fêtes le soir de la reconstitution. Garés à proximité, mes clients et moi avions été accueillis, dans une petite pièce annexe, par la juge d'instruction, avant d'entrer dans la salle principale et d'y retrouver l'accusé, entouré de ses avocats et de plusieurs gendarmes d'élite.

Si je garde en mémoire ce moment précis, plusieurs détails de la configuration des lieux m'avaient échappé le soir de la reconstitution. Sur place, je prends le temps de m'accouder au portail d'entrée coulissant et j'observe attentivement les lieux. Le petit chalet du gardien ne m'avait pas semblé si proche de la salle. Je me rends compte qu'il est en réalité situé à quelques pas à peine de l'entrée du bâtiment. Cette même salle est d'ailleurs surplombée par trois maisons, elle dispose de plusieurs parkings et, en contrebas, se trouvent les bâtiments d'un internat du lycée voisin, distants de quelques mètres seulement.

Revoyant la scène, je ne peux m'empêcher de penser que Nordahl Lelandais a bénéficié d'un rare concours de circonstances pour emporter avec lui, à l'insu de tous, la petite Maëlys. Ni le gardien, dont le petit chalet permet pourtant de surveiller les allées et venues, ni la centaine de convives du mariage, dont certains faisaient certainement une pause à l'extérieur, alors que d'autres rejoignaient leur véhicule, pas davantage les riverains, n'ont remarqué quoi que ce soit. Personne n'a vu l'accusé quitter la salle avec la fillette.

Toujours accoudé au portail, je finis par attirer l'attention du gardien, qui se décide à sortir de son chalet. J'entends distinctement le verrou de sa porte d'entrée, qu'il ouvre pour venir à ma rencontre. L'homme me reconnaît d'emblée et me salue chaleureusement. Je lui explique que je viens repérer les lieux en prévision du procès. Nous entamons alors une conversation à bâtons rompus. Je lui fais part de mon ressenti sur la configuration des lieux : je ne m'imaginais pas que son chalet était aussi proche de la salle et du portail. En somme, l'emplacement permettait de tout voir des quelques secondes au cours desquelles le destin de la fillette se scella. Nous nous posons, à voix haute, la même question : comment Nordahl Lelandais a-t-il pu emmener Maëlys sans attirer l'attention de quiconque ?

Nous reparlons de l'affaire. Il la connaît trop bien, hélas. Il a été désigné à tort parmi les tout premiers suspects, dans les heures qui ont suivi la disparition de Maëlys. Perquisition, garde à vue et auditions approfondies ont laissé des traces encore vives chez cet homme, qui sera définitivement innocenté quelques jours plus tard. Les gendarmes ont cependant été très respectueux à son égard, et le gardien me semble comprendre qu'ils aient poussé au maximum leurs investigations compte tenu de la gravité de l'affaire. Le son de cloche est en revanche nettement moins flatteur concernant les journalistes qui se massaient jour et nuit devant son domicile, et dont certains l'ont littéralement assailli, allant même jusqu'à tenter de rentrer de force chez lui…

Je laisse le gardien du chalet après l'avoir salué. Il me souhaite bonne chance pour les assises et je le remercie. Injustement mis en cause, bien que rapidement innocenté, bouleversé par une affaire pour laquelle il a été malgré lui aux premières loges et traumatisé par les assauts de la meute médiatique, l'homme ne semble désormais aspirer qu'à une vie tranquille et simple.

Le magasin d'optique de Pont-de-Beauvoisin est situé juste après le pont qui surplombe la rivière du Guiers, en venant de la salle polyvalente. Sa façade est ornée de quelques pierres apparentes et d'un crépi ocre qui demande à être rafraîchi. Le long du chéneau d'évacuation des eaux de pluie, à environ trois mètres de haut, deux caméras de vidéoprotection sont orientées vers la chaussée. L'une vers l'avant, en direction du pont, l'autre vers l'arrière de la rue. Sans être à la pointe de la technologie, l'installation ne semble pas hors d'usage. Je m'arrête devant ces deux caméras. Leurs images se sont révélées décisives quelques semaines après la disparition de Maëlys. Beaucoup de choses, vraies ou fausses, ont été dites à leur propos. En réalité, seuls ceux qui ont eu accès au dossier d'instruction sont en mesure d'en penser réellement quelque chose. Mais ceux qui ne les ont pas vues ne se gênent pas pour se répandre en commentaires dans les médias…

De mon côté, des dizaines, des centaines de fois, je les ai visionnées, seul ou avec mes clients, alternant frénétiquement les touches « lecture », « pause » et « zoom » sur mon clavier d'ordinateur pour mieux en discerner chaque détail. Néanmoins, me rendre directement sur place me permet de mieux comprendre quelques points, pas si anodins.

En arrivant devant les deux caméras, j'ai la confirmation de ce que j'avais pressenti lorsque la vidéo nous a été communiquée par les juges. Si mes clients et moi avions bien distingué la silhouette blanche et la robe de Maëlys, et si nous n'avions pas de doute sur le fait qu'il s'agissait de la voiture de Nordahl Lelandais, j'avais remarqué que les images ne permettaient pas d'identifier le conducteur du véhicule. À la lecture de la vidéo sur l'écran de mon ordinateur, l'Audi A3 semblait « plonger » de quelques centimètres vers la chaussée, son toit occultant le visage du conducteur.

Sur place, je comprends que les choses se sont en réalité jouées à de petits détails. Une des caméras est en effet orientée vers un ralentisseur et l'angle de vue est assez prononcé vers le bas. Conséquence directe : la caméra ne permet de visionner qu'à proximité immédiate les véhicules qui s'en approchent. De plus, l'image est affectée par le passage sur le ralentisseur. Un meilleur angle de vue, légèrement relevé, une chaussée totalement plate auraient peut-être permis de mieux identifier le conducteur et sa jeune passagère. Preuve que la résolution d'une affaire criminelle peut se jouer à quelques détails, même si cette vidéo a bel et bien marqué un tournant décisif dans l'affaire.

Je décide de prolonger le trajet jusqu'aux environs du mont Grêle, plusieurs kilomètres plus à l'est, en surplomb du lac d'Aiguebelette. Ce site montagneux domine, à plus de mille mètres d'altitude, les plaines et collines environnantes. C'est un soleil d'automne qui m'accueille après trente minutes de montée depuis le centre de Pont-de-Beauvoisin. À l'horizon, les premières neiges tombées sur les sommets s'ajoutent au spectacle automnal des forêts aux couleurs orange et or. Le panorama sur la chaîne des Alpes est spectaculaire.

Le lieu où a reposé pendant six longs mois le corps sans vie de la petite Maëlys est inconnu du public et demeure confidentiel. Au dossier d'instruction figure toutefois ses coordonnées GPS. Je décide de tenter de le retrouver. J'ai le souvenir que nous avions arpenté la montagne un long moment, pendant la reconstitution, avant de nous retrouver devant les rochers où Nordahl Lelandais a abandonné sa victime.

Sur cette route de montagne, j'enchaîne difficilement les virages. La dernière partie du chemin est délicate à dompter, bien qu'à cette période de l'année la neige n'ait pas encore recouvert la chaussée. La pente est raide, les virages sont de plus en plus serrés. À plusieurs reprises, le moteur de ma voiture donne de sérieux signes de faiblesse et je manque de caler. J'aperçois des maisons abandonnées, des caches, trous, rochers et ravins qui jalonnent le chemin, avant d'arriver finalement dans le sous-bois reculé que l'accusé avait fini par désigner. Je me dis qu'il ne s'est pas retrouvé dans cet endroit escarpé, totalement isolé et en pleine montagne, par le fruit du hasard. Qu'il s'est manifestement donné les moyens pour que le corps de sa victime ne soit jamais retrouvé.

En quittant les lieux, il me revient à l'esprit que, sur la route que nous avions empruntée le soir de la reconstitution, les habitants du secteur avaient, à la façon des spectateurs du Tour de France, peint le bitume noir de nombreux messages en lettres capitales blanches, très lisibles et de grande taille. On pouvait notamment *y* lire, à plusieurs reprises, les inscriptions suivantes, directement destinées à l'accusé : « On ne pardonne pas. On n'oublie pas. »

6

La bataille de la procédure

C'est souvent dans le silence feutré des cabinets d'instruction, loin du tumulte des salles d'audience, que bascule une affaire pénale. Durant l'information judiciaire – cette longue phase pendant laquelle les juges mènent leurs investigations –, les parties peuvent bénéficier d'un certain nombre de prérogatives. Elles ont un droit de regard sur l'instruction et la partie civile, au même titre que la défense, a tout intérêt à jouer sa partition.

Dès les premiers temps de l'affaire, une des dispositions du Code de procédure pénale m'a particulièrement intéressé. L'article 82-1, bien connu des pénalistes, permet d'effectuer des demandes d'acte. C'est-à-dire de demander qu'il soit procédé à « tous les actes qui paraissent nécessaires à la manifestation de la vérité ».

Concrètement, il est possible de solliciter des auditions, un interrogatoire du mis en examen, des confrontations, des expertises et une multitude d'autres investigations utiles à l'enquête. De plus, ces demandes d'actes présentent un intérêt stratégique non négligeable : le juge d'instruction qui en est saisi doit impérativement rendre une ordonnance motivée pour y faire droit ou pour la rejeter. Le magistrat est libre de refuser la demande, mais l'ordonnance qu'il rend est susceptible d'appel devant la chambre de l'instruction qui contrôlera la régularité du refus.

Ce droit de formuler des demandes d'actes prend un relief particulier dans le cadre de la mise en examen de Nordahl Lelandais. Nous sommes en effet confrontés à ses dénégations. Les nerfs de mes clients sont mis à rude épreuve. Bien que lucide quant à l'étendue de nos marges de manœuvre, il me semble indispensable de prendre des initiatives, plutôt que de nous contenter d'attendre le renvoi de l'accusé devant la cour d'assises.

Je réfléchis à l'intérêt de jouer un rôle actif dans la procédure, notamment via ces demandes d'actes. Ma présence lors des interrogatoires du mis en examen me semble pertinente.

En janvier 2018, je dépose donc une demande auprès des juges, afin que le prochain interrogatoire de Nordahl Lelandais se déroule en ma présence. Il y a, selon moi, plusieurs raisons objectives pour lesquelles il convient d'y faire droit. Le fait en particulier que le mis en cause a déjà été entendu à diverses reprises, sans pour autant que l'enquête avance réellement. L'analyse de sa téléphonie, les images de la vidéosurveillance identifiant sa voiture avec, sur le siège passager, la silhouette de Maëlys, ne semblent pas le faire vaciller. Ma présence peut, je l'espère, l'inciter à adopter un comportement plus coopératif. Je profite de cette initiative pour solliciter la présence d'un comportementaliste, chargé d'analyser les réactions, la communication verbale et non verbale de Nordahl Lelandais durant l'interrogatoire. J'indique aux magistrats, quoique prudent quant à mes chances d'être suivi, qu'une telle présence, en plus des expertises psychologiques et psychiatriques, peut avoir un intérêt pour la manifestation de la vérité.

Quelques jours après le dépôt de ma demande, je reçois la réponse des juges d'instruction. Malheureusement négative. Je décide d'interjeter appel, après en avoir parlé avec mes clients. J'obtiens *in fine* satisfaction devant la chambre de l'instruction. Je vais par conséquent pouvoir assister au prochain interrogatoire du mis en examen et l'interroger en fin d'audition.

Je suis convoqué le 3 juillet 2018 au quatrième étage du palais de justice de Grenoble. L'événement, dont la date a fuité plusieurs jours auparavant, a attiré une foule de journalistes. Les médias suivent minute par minute l'interrogatoire, annoncé comme l'événement de la journée. Ils guettent les réactions des différents acteurs du dossier. Arrivant à pied devant l'entrée principale du palais, ma présence ne passe pas inaperçue. Une fois franchies les marches qui mènent au tourniquet vitré d'accès au bâtiment, je suis assailli par une dizaine de micros et de caméras. Une journaliste de France 3 souligne le caractère assez inattendu de ma présence :

— L'avocat de la famille de Maëlys va pouvoir participer à l'interrogatoire de Nordahl Lelandais. Une chose assez rare mais possible, prévue par le Code de procédure pénale.

Je suis plutôt satisfait. J'ai obtenu, au forceps et en appel, qu'il soit fait droit à ma demande. Outre qu'elle m'autorise à questionner Nordahl Lelandais, la décision de la chambre de l'instruction me permet d'envoyer un petit signal aux juges d'instruction, avec lesquels je veille à entretenir les meilleures relations. Patient et coopératif avec les magistrats, il n'est cependant pas inutile de savoir, en quelques occasions, se faire respecter et leur démontrer ma pugnacité. Mon rôle ne se cantonne pas à l'organisation, si nécessaire soit-elle, de marches blanches, avec ballons gonflés à l'hélium et banderoles en main, ou aux duplex que j'accorde en direct à BFM TV. J'entends jouer pleinement mon rôle dans la procédure, et le faire savoir aux juges. C'est chose faite avec cette décision obtenue devant la chambre de l'instruction.

En prenant l'ascenseur pour monter au quatrième étage, je me sens prêt. J'ai préparé méticuleusement l'interrogatoire et affiné mes questions destinées à Nordahl Lelandais. Il doit être entendu sur les circonstances de la mort de la petite Maëlys, mais aussi sur des soupçons d'agression sexuelle sur l'une de ses cousines.

Hélas pour moi, l'interrogatoire tourne court. Mes espoirs sont rapidement douchés.

Face à la vue imprenable sur le massif du Vercors qu'offre le bureau des magistrats, Nordahl Lelandais arrive menotté et solidement escorté par les gendarmes. Je comprends rapidement qu'il ne parlera pas. Il oppose un ferme droit au silence, en réaction, selon lui, aux fuites dans la presse. Je dois en vérité reconnaître qu'il ne s'agit pas vraiment d'une surprise. Je sais, depuis un petit moment, que le mis en examen va probablement faire valoir son droit au silence.

Je ressors du palais logiquement déçu. J'appréhende le contact avec les journalistes qui m'attendent de pied ferme en bas du bâtiment, mais aussi l'échange téléphonique prévu avec mes clients, une fois l'interrogatoire terminé. Cette déception a néanmoins un mérite. Celui de me rappeler qu'il ne faut en aucun cas dévier de la nécessaire humilité qui doit s'imposer dans une affaire d'une telle envergure.

*

Une autre occasion va me rappeler, à mes dépens, qu'il convient de demeurer prudent quant aux réelles marges de manœuvre accordées à un avocat durant l'information judiciaire.

Je sais pertinemment que la qualification pénale d'un dossier est, d'abord et avant tout, du ressort des juges d'instruction. La procédure pénale n'a accordé une place réellement active aux parties civiles que très récemment. Les avancées en faveur des victimes ont été difficiles à obtenir. Cependant, mes clients s'interrogent régulièrement, y compris publiquement, à propos de ce qu'ils considèrent, à raison, comme une anomalie : pourquoi Nordahl Lelandais n'est-il pas mis en examen pour le viol de leur fille ? De nombreux indices, notamment liés à la personnalité du mis en examen, rendent cette hypothèse sérieuse. Mais les juges refusent d'envisager une mise en examen de ce chef. La question vaut d'ailleurs aussi pour la qualification d'assassinat, quoique moins évidente, mais qui n'est pas totalement farfelue : Nordahl Lelandais n'est pas venu par hasard au mariage, il a pris de multiples précautions avant et après les faits, de sorte que l'on ne peut exclure qu'il ait prémédité son geste. Rien n'interdit qu'il soit mis en examen à ce double titre.

Après tout, une mise en examen suppose simplement, selon le Code de procédure pénale, des « indices graves ou concordants rendant vraisemblable qu'une personne ait commis ou tenté de commettre une infraction ». Nordahl Lelandais est présumé innocent des infractions qui lui sont reprochées, tant qu'il n'est pas définitivement condamné. Je tente donc d'infléchir la position des juges sur ce point, bien qu'ayant conscience des possibilités très réduites offertes aux parties civiles pour faire modifier les qualifications retenues par les magistrats.

Je multiplie les requêtes, demandes d'actes et mémoires à ce sujet. Je rappelle les raisons qui justifient, selon moi, une mise en examen et un renvoi de l'accusé pour viol. Un débat devant la cour d'assises, serein et argumenté, sur la base de toutes les pièces collectées au dossier d'instruction, devait se tenir sur cette question.

En réalité, à aucun moment de la procédure, les juges n'ont considéré qu'ils disposaient de suffisamment d'éléments pour envisager de renvoyer Nordahl Lelandais pour le viol de Maëlys. Toutes mes demandes en ce sens sont systématiquement rejetées. Le parquet, à son tour, tente d'inciter les juges à considérer le viol de la fillette, en délivrant un réquisitoire supplétif. Le procureur se fonde notamment sur le témoignage d'un codétenu de Nordahl Lelandais, l'accusant de lui avoir confié avoir violé Maëlys. Mais l'affaire était entendue. Si ce témoignage, qui tombe en fin de procédure, conforte le faisceau d'indices de nature à établir un viol, il demeure trop fragile.

À la grande déception de mes clients, les qualifications pénales de « viol » et, dans une moindre mesure, d'« assassinat » n'ont donc pas été retenues par les juges d'instruction. Ce choix manque à tout le moins d'audace. Mais pouvons-nous en faire grief aux juges ? Leur décision est lourde de conséquences, notamment concernant la peine encourue par l'accusé. Faute d'être renvoyé devant la cour d'assises pour viol, Nordahl Lelandais encourt une peine de réclusion criminelle à perpétuité, assortie d'une période de sûreté de vingt-deux ans et non de trente.

À la réflexion, ce choix des magistrats était somme toute prévisible. Le corps de Maëlys a été retrouvé, en pleine montagne et à mille mètres d'altitude, six mois après qu'il fut abandonné le soir de sa disparition. Aucune des expertises menées sur les restes du corps de la fillette n'a pu établir des sévices sexuels. Je persiste néanmoins à penser que si le corps de Maëlys n'a pas révélé de traces de sévices, la raison est à chercher dans son exposition aux éléments naturels plutôt que dans le comportement de l'agresseur la nuit du drame…

Cruelle ironie, lorsque les juges décident de clôturer leurs investigations et de renvoyer Nordahl Lelandais aux assises pour le meurtre et l'enlèvement de Maëlys, ils ne font pas référence au statut de témoin assisté pour viol qu'ils ont pourtant décerné quelques semaines auparavant. Preuve, s'il en faut, du peu de crédit qu'ils accordaient à l'éventualité d'un renvoi de l'accusé au titre de cette infraction.

Le constat est implacable : les juges d'instruction décident souverainement de la qualification pénale des faits, n'en déplaise aux parties civiles. Seuls les juges peuvent dire si Nordahl Lelandais doit, oui ou non, répondre devant une cour d'assises du viol de Maëlys. La partie civile peut bien multiplier les démarches, les juges se sont fait leur opinion à ce sujet. Il n'y a, hélas, rien à dire de plus.

7
Les visages du procès

Septembre 2017-février 2022. Des premières investigations effectuées le soir du drame au jour du verdict rendu par la cour d'assises, il se sera donc écoulé plus de quatre ans. L'affaire m'aura profondément marqué, ne serait-ce que par sa durée. Quatre ans, c'est une petite tranche de vie. Avec le temps, j'ai appris à connaître chacun des interlocuteurs de ce dossier hors normes. Certains sont même devenus familiers. La distance polie que nous entretenions au début de l'affaire a laissé place, petit à petit, à des relations plus directes et plus simples, surtout à l'approche des assises. Plus l'échéance du procès arrivait, plus nous avions une tendance, peut-être guidée par la pression, à aller à l'essentiel. Du reste, je pense avoir entretenu de bonnes relations avec la plupart des acteurs du dossier. Au terme de ces quatre années, je retiens quatre visages, tous différents mais, chacun à sa manière, emblématiques de cette affaire.

Le premier que je garde en mémoire est celui d'une consœur défendant une association de victimes. Si elle joua un rôle assez anecdotique dans le dossier, elle incarna à mes yeux l'émergence de ces nouvelles associations de victimes aux motivations souvent opportunistes. Sans la nommer ou la désigner explicitement, je souhaite en dire quelques mots.

Mon premier échange avec cette consœur fut pour le moins difficile. Alors que je quitte mon cabinet, après une journée consacrée à une audience correctionnelle, je reçois un appel sur mon portable. Je décroche, malgré l'heure tardive. Au bout du fil, une voix au ton décidé me décline son identité et l'objet de son appel. Même si je ne l'ai jamais côtoyée, je connais déjà bien cette avocate, pour l'avoir vue intervenir sur les plateaux TV depuis quelque temps. Les chaînes d'information l'accueillent à bras ouverts, notamment pour évoquer l'affaire Maëlys. Elle multiplie les directs et débats sur ce dossier. Précision d'importance : cette avocate n'est pas mandatée pour une victime de l'affaire et n'a donc pas accès au dossier d'instruction.

Au début de notre échange téléphonique, cette consœur m'apprend que l'association qu'elle représente se constitue partie civile. Je lui fais part très directement de mon refus de la voir s'approprier le dossier.

Cette association n'avait, selon moi, rien à faire dans le dossier Maëlys. Pourquoi pas l'UFC-Que choisir ou la fondation Brigitte Bardot, tant qu'on y est ? pensais-je alors que la conversation tournait court.

La ficelle était un peu grosse. Elle mérite d'ailleurs quelques mots d'explication car elle illustre bien une difficulté constatée dans certains grands procès médiatiques…

Aux côtés des « vraies » associations, qui rassemblent des familles endeuillées ou d'anciennes victimes, et dont le fonctionnement tient principalement au travail de bénévoles, se sont développées de nouvelles structures dont les objectifs et méthodes se révèlent différents. Plans média, lobbying, moyens humains et financiers importants, levées de fonds auprès de grandes entreprises, dons et sollicitations de fonds publics : ces associations s'inscrivent dans une démarche professionnelle, à l'image de certaines ONG comme Greenpeace. Pour gagner en visibilité, elles se constituent partie civile dans les procès qui frappent l'opinion publique. Elles y envoient leurs avocats. D'un point de vue légal, il n'y a rien à dire, mais les audiences d'assises sont quelquefois accaparées par ces associations. Certaines d'entre elles prennent parfois quelques libertés avec le secret de l'instruction, pour le plus grand bonheur des journalistes, qui peuvent leur accorder en retour des interviews ou du temps d'antenne sur leurs plateaux. Une sorte de *deal*, qui permet aux médias d'enchaîner les révélations dans certains dossiers et, en contrepartie, à ces associations de gagner en visibilité. La pratique est en outre sans risque, puisque les journalistes bénéficient du principe légal du secret des sources. Celui qui transmet ce genre de renseignements n'a, en pratique, rien à craindre. Bref, les deux parties y gagnent… Au détriment des justiciables, qui déplorent que le dossier d'instruction soit déballé dans la presse.

Cet échange, dont je regrette aujourd'hui l'âpreté, eut néanmoins le mérite de la clarté. Quelques semaines avant que Lelandais ne soit renvoyé devant la cour d'assises de l'Isère, cette association se retira définitivement du dossier. En revanche, je travaillai en parfaite collaboration avec deux autres confrères qui défendaient des associations de protection de l'enfance sérieuses et reconnues : Me Caroline Rémond et Me Yves Crespin, des avocats chevronnés en matière de protection de l'enfance.

L'autre visage qui me vient à l'esprit est celui du procureur de la République de Grenoble, Jean-Yves Coquillat. Lui qui avait certainement conduit des dizaines d'enquêtes criminelles au cours de sa carrière paraissait habité par cette affaire.

Au fil de la procédure et de ses interventions publiques, je comprends qu'il est non seulement très lucide quant aux faibles chances de retrouver la petite Maëlys vivante, mais encore qu'il a parfaitement compris que Nordahl Lelandais n'a rien laissé au hasard pour déjouer le travail des enquêteurs. Qu'il a agi avec une froide détermination. Visiblement, cette affaire le rongeait. J'en ai la démonstration dès les premiers temps de l'affaire. Nous sommes alors quelques semaines après la disparition de la petite Maëlys. Bien que les éléments à charge à l'encontre de l'accusé se fassent toujours plus accablants, Nordahl Lelandais refuse de dire ce qu'il a fait de sa victime. En parallèle, les fuites se multiplient dans la presse, au point que le procureur désigne publiquement la haute hiérarchie de la gendarmerie comme étant à leur origine et confie à la police nationale le soin d'investiguer sur « l'affaire dans l'affaire ». Sa réaction dans la presse ne passe pas inaperçue et il s'ensuit un accrochage avec le patron de la gendarmerie, le général Lizurey, qui rejette en bloc les accusations du procureur.

Je perçois de la part de Jean-Yves Coquillat une certaine exaspération à l'encontre des gendarmes. Non tant au sujet de l'exécution de leurs missions que des fuites qui émaillent le dossier. Le travail d'enquête est objectivement exempt de tout reproche : section de recherches de Grenoble, brigades territoriales et surtout techniciens de l'IRCGN, tous accomplissaient un travail exceptionnel. Mais les fuites dans la presse risquent de nuire au bon déroulement des investigations. La diffusion sur une chaîne d'information de la fameuse photo de Maëlys assise dans l'Audi A3 de Lelandais l'aurait rendu fou de rage, me dit-on. Je comprends son agacement. À l'évidence, il fallait conserver cette pièce strictement confidentielle pour ménager l'effet de surprise vis-à-vis de l'accusé et tenter de lui arracher des aveux lors de son prochain interrogatoire.

Que dire à mes clients ? Que sur un tel dossier, les services d'enquête se livrent, en coulisse, à une guerre des égos ? Il y a de quoi être amer. Au fond, je comprends parfaitement la colère de ce magistrat expérimenté, qui se démène sans compter son temps ni son énergie pour que l'enquête aboutisse, avec un profond et sincère sens de l'intérêt général.

Après cette controverse, une autre inquiétude pointe : les gendarmes vont-ils être dessaisis de l'enquête au motif des fuites ? Une telle perspective ne m'emballe pas. Pas plus qu'elle ne convient à mes clients. Présents sur le terrain, les gendarmes sont totalement dévoués à leur mission et motivés à aller au bout des investigations qu'ils mènent avec acharnement. Leur dessaisissement au profit des policiers serait vécu comme un coup de tonnerre. Je vois aussi d'un très mauvais œil la perspective d'une période de transition pendant les investigations, le temps que le dossier passe de la gendarmerie à la police nationale. En d'autres termes, je comprends le mécontentement du procureur, mais je veux éviter à tout prix la catastrophe.

Finalement, une fois réglée la difficulté entre le magistrat et la gendarmerie, l'enquête poursuivit normalement son cours, sous l'égide des gendarmes, à notre plus grand soulagement.

*

Autre personnage incontournable de cette affaire : la juge d'instruction. Son travail pugnace s'est fait dans l'ombre, loin des micros et des caméras. Cette discrétion seyait sûrement à la personnalité de cette femme au style sobre, à l'attitude bienveillante et au regard pétillant. Les vingt-trois mille pages du dossier d'instruction, c'est elle, avec l'aide de ses deux collègues codésignés. J'ai voulu souligner son travail devant la cour d'assises, et ce pour plusieurs raisons. D'une part, parce que j'ai pu apprécier son humanité à plusieurs reprises, en particulier lorsqu'elle reçut dans son cabinet mes clients. Confrontée à leur douleur, elle a su faire preuve de bienveillance, tout en respectant ses obligations professionnelles. C'est avec la même sensibilité qu'elle nous a accueillis, mes clients et moi, avant la reconstitution, à quelques minutes des terribles retrouvailles entre l'accusé et les parents de Maëlys. À cette occasion, elle a déployé des trésors de délicatesse et d'humanité. Il ne me semblait donc pas inutile de lui dédier quelques mots lors de ma plaidoirie.

J'ai également souhaité rappeler à la cour d'assises la qualité du travail accompli par la juge d'instruction, pour une autre raison, plus tactique cette fois-ci. J'avais en effet à cœur de démontrer que l'instruction avait été menée à charge et à décharge. Les juges ont respecté leur obligation d'impartialité. Les magistrats ont investigué de manière équilibrée, avec pour seule boussole la recherche de la vérité.

Au cours des quatre années de procédure, j'ai en effet noté la thèse avancée par la défense, selon laquelle l'instruction se serait « emballée », les juges auraient cherché à confondre à tout prix Nordahl Lelandais.

Cet argument me semblait revenir assez régulièrement chez les défenseurs de l'accusé. J'imaginais, mais peut-être s'agissait-il d'un ressenti purement subjectif de ma part, que ses avocats allaient chercher à critiquer le travail des juges pendant les assises, pour tenter d'affaiblir les charges pesant sur leur client. Pour avoir suivi l'instruction pendant quatre ans et connu le travail de la juge qui menait les investigations avec ses deux collègues, rien ne me semblait plus injuste. Aucun soupçon de partialité ne pouvait peser sur les magistrats. Pour preuve, alors que mes clients et moi réclamons le renvoi devant les assises de Nordahl Lelandais pour viol, à aucun moment une telle qualification n'est retenue. Si ce refus de mettre en examen Nordahl Lelandais à ce titre déçoit légitimement mes clients, j'y vois aussi la preuve d'une réelle impartialité de la part des juges.

Dernier visage de cette affaire, celui du défenseur de Nordahl Lelandais. Incontestablement, j'avais comme contradicteur un pénaliste de haut niveau, expérimenté et façonné par de grands procès historiques qui, au surplus, maîtrisait parfaitement le dossier. Dans la profession, il figure parmi les plus grands et, sans fausse modestie, j'ai conscience d'avoir encore un long chemin à parcourir pour me hisser à son niveau. J'ai pu en outre apprécier son talent oratoire et sa manière toute malicieuse d'allumer des contre-feux, qu'il s'agisse de dénoncer les dérives de la médiatisation de l'affaire ou le parti pris des experts, pour mieux faire oublier l'essentiel : les éléments accablant son client. Par son autorité, son expérience et sa maîtrise des arcanes judiciaires comme par sa connaissance fine de la psychologie des acteurs du dossier, il constitue un bouclier redoutablement efficace pour son client. Je suis d'ailleurs convaincu que sa seule présence empêche que les assises ne tournent au lynchage pour Nordahl Lelandais. Je sens, à tort ou à raison, qu'il en a « sous le pied » et qu'à tout moment, il peut rendre efficacement les coups. Ce qui est, je crois, le propre des grands pénalistes.

J'avoue toutefois que certaines de ses interventions médiatiques m'ont étonné. Je prendrai ici quelques exemples. Pourquoi cette interview sur le plateau de BFM TV, au cours de laquelle il affirme que Maëlys n'apparaît pas dans la voiture de Nordahl Lelandais sur la vidéo prise le soir de l'enlèvement de la fillette ? Tous deux parties au dossier, nous avions eu accès à cette fameuse vidéo. L'affaire me semblait entendue : il s'agissait bel et bien de la silhouette de la fillette, dont ma cliente avait d'ailleurs reconnu la bretelle de la robe blanche. Avec le recul, je ne m'explique pas vraiment cette prise de position. J'imagine que, comme moi, il avait vu et revu cette vidéo. Peut-être un tel prisme était-il dû à cet état d'esprit qui perdure chez quelques pénalistes, qui voient une affaire d'Outreau dans chacun de leurs dossiers, cherchant à débusquer des erreurs judiciaires qui, bien souvent – et c'est d'ailleurs heureux – n'existent que dans leur imagination… L'affaire Lelandais n'est pas celle d'Outreau. Bien loin de toute erreur judiciaire, les investigations ont, de mon point de vue, très vite établi la responsabilité de Nordahl Lelandais.

J'ai d'ailleurs cerné la stratégie de la défense au fur et à mesure de la procédure. Le fond du dossier étant accablant, la ligne de crête sur laquelle mon confrère se tient est ténue. Je comprends que la défense doit, d'une part, tenter de « plomber » le dossier en affaiblissant les investigations sur la personnalité de son client, tout en faisant oublier, sur les faits, que l'absence d'éléments matériels est de la responsabilité de l'accusé. À Chambéry, dans le cadre du procès Noyer, la cour d'assises écarte cette stratégie et motive sa décision de manière très explicite, en précisant : « En faisant disparaître le corps et en empêchant toute constatation sur la scène de crime, et par des déclarations évolutives et mensongères, Nordahl Lelandais a volontairement privé enquêteurs et experts de déterminer les circonstances et les causes de la mort d'Arthur Noyer, même s'il reconnaît en être à l'origine. » On ne peut être plus clair. J'espérais que la cour d'assises de l'Isère allait reprendre à son compte ce raisonnement des juges de Chambéry.

Autre événement regrettable : ses propos pendant les assises de Chambéry, durant le procès Noyer. En sortant d'audience, mon confrère prend la parole devant quelques journalistes pour prononcer la phrase suivante : « […] si tous les hommes étaient comme Nordahl Lelandais, il y aurait moins de féminicides

[...] ». Mes clients ont perçu cette déclaration comme une agression, et la mère de Maëlys a réagi de manière virulente sur les réseaux sociaux. À la décharge de mon confrère, il est vrai que cette phrase fut prononcée lors d'un exercice qui s'apparentait certainement plus à du « off » qu'à une interview en bonne et due forme. D'ailleurs, cette affirmation devait sûrement être appréhendée dans son contexte, de manière plus globale. Il n'en demeure pas moins que l'avocat de la défense n'a malheureusement pas jugé utile de retirer ou de rectifier son propos.

Ces deux épisodes ont laissé des traces chez les parents de Maëlys. Ils eurent surtout le sentiment qu'un pas de trop avait été franchi le 14 février 2018, lorsque le corps de la petite fille fut découvert dans le massif de la Chartreuse. Ce jour-là, après des heures que j'imagine très éprouvantes pour lui comme pour toutes les personnes présentes aux côtés de Nordahl Lelandais, mon confrère de la défense s'exprime après la conférence de presse du procureur. Cette prise de parole heurte mes clients, qui estiment qu'il aurait été plus approprié de garder le silence en pareille occasion. Colleen, la sœur de Maëlys, en fit publiquement le reproche à mon confrère, s'adressant directement à lui durant les assises, ce qui, je l'imagine, ne fut pas un moment facile à encaisser. En réponse, il adressa ses excuses à Colleen lors de sa plaidoirie, mettant définitivement un terme à cette difficulté. Il démontra par là même qu'il avait pris avec humanité la mesure de ces quelques malentendus, dans un dossier très difficile et au cours duquel nous avions tous, moi compris, commis des erreurs.

N'en déplaise à certains journalistes qui prétendirent que nos rapports confinaient à la « détestation », je n'avais pas le sentiment d'entretenir de mauvaises relations avec mon confrère de la défense. En vérité, nous étions chacun dans notre couloir. Si le combat a pu être rude, je faisais la part des choses : Alain Jakubowicz était incontestablement un grand avocat.

8

Fuites, « off » et réseaux sociaux : les coulisses de la justice médiatique

Nous sommes maintenant à quelques jours de l'entame des assises. J'ai enfin la possibilité de me plonger plus sereinement dans le dossier.

Depuis le mois de novembre, je consacre une à deux journées par semaine à la préparation du procès. Le début de l'audience approchant à grands pas, je dois désormais me consacrer à cent pour cent à l'affaire Maëlys. Cela ne se sait pas forcément, mais, sauf exception, le quotidien des avocats est ainsi fait que nous ne travaillons pas à temps plein sur un seul dossier. C'est tout simplement impossible, ne serait-ce que pour ne pas être dépendant financièrement du client qui nous confie son cas.

Dans une affaire comme celle de Maëlys, j'ai nécessairement été contraint d'alterner des moments pendant lesquels j'étais concentré sur le dossier et des périodes plus calmes, au cours desquelles je pouvais travailler sur d'autres contentieux, tout en restant disponible pour épauler cette famille. Je préviens mes autres clients que je vais devoir lever le pied sur leurs affaires pendant quelque temps. Tous comprennent la situation et font preuve de beaucoup de délicatesse. Eux que je conseille pour la plupart depuis plusieurs années, m'encouragent et me disent toute la confiance qu'ils ont en moi pour affronter ce moment important de ma carrière. Leur réaction me touche. Elle me conforte dans l'idée que j'ai su m'attacher une clientèle fidèle, reconnaissante de la qualité de mon travail et qui s'inscrit dans une relation de long terme.

Au cabinet, je suis assisté de mon nouveau collaborateur, Armel, un jeune avocat prometteur, passionné par le droit pénal et enseignant à ses heures à la faculté de droit de Lyon. Au cours des trois semaines d'audience qui nous attendent, il saura, par ses qualités humaines, nouer des liens forts et amicaux avec mes clients. Son empathie et son sens de l'humour seront indispensables pour aider la famille de Maëlys à gravir ce sommet que constitue un procès d'assises. Sa vivacité d'esprit sera aussi déterminante durant les moments les plus intenses du procès.

Je recrute également pour l'occasion une brillante juriste. Criminologue et férue de psychologie, Alicia m'aide à préparer l'échéance qui approche. Fiches, mémos, relecture des procès-verbaux, son travail se révélera très utile au cœur de la bataille devant la cour. Elle débusquera, dans ce fatras que constitue un dossier pénal, plusieurs pépites que je n'aurai qu'à exploiter à la barre pour « pilonner » l'accusé. Très en pointe sur les sujets de psychologie criminelle, Alicia me permettra de mieux cerner la personnalité de Nordahl Lelandais et d'alerter les jurés sur la dangerosité de l'accusé.

Mon assistante, Corinne, tiendra le cabinet pendant les trois semaines d'assises. Elle qui avait participé aux recherches dans les premiers jours de la disparition de Maëlys prenait cette affaire très à cœur et je savais pouvoir compter sur sa présence bienveillante. L'équipe est complétée d'Anaïs, qui veille sur les autres dossiers du cabinet, en particulier en droit des affaires. Être entouré d'une équipe performante, faire du bon travail, de manière sereine et approfondie, c'est ce que je recherche dans les dossiers en général et dans celui-là en particulier.

*

Le mardi 11 janvier 2022, TF1 lâche une bombe. Gilles Bouleau, présentateur du JT du soir, annonce des « révélations exclusives » dans l'affaire Maëlys. À quelques jours du début des assises, je crains le pire. J'ai d'ailleurs de bonnes raisons d'être inquiet, y compris à titre personnel. Et pour cause : j'apparais dans le reportage où les révélations sont faites et j'accorde une courte interview. Je me doute que certains esprits malveillants ne manqueront pas de faire le lien entre ma participation à ce reportage et les documents que diffuse la chaîne. TF1 tient un scoop en diffusant des extraits de vidéosurveillance tirés du dossier où l'on distingue la petite Maëlys dans la voiture de Nordahl Lelandais le soir de l'enlèvement. Le reportage va même plus loin en diffusant des photographies de la reconstitution. On peut reconnaître le meurtrier de la fillette mimant les frappes mortelles sur un mannequin. Un sacré coup pour TF1, qui va cependant créer une suspicion généralisée entre tous les acteurs du dossier. Qui a fait fuiter ces documents couverts par le secret de l'instruction ? Dans quel but ?

Comme j'en ai, hélas, pris l'habitude depuis quatre ans, il va encore falloir me justifier et répondre aux questions des uns et des autres. Cette perspective m'exaspère. J'ai tant d'autres choses à faire : le compte à rebours est lancé et je ne dois pas me disperser en perdant mon temps à expliquer que je ne suis pas à l'origine de ces fuites. Je décide, dans un premier temps, de passer outre et de me replonger dans la préparation du procès. Mais à force de rumeurs et d'insinuations plus ou moins subtiles, je comprends que les révélations de TF1 risquent de m'être imputées. Même s'il ne me serait jamais venu à l'esprit de donner à des journalistes des pièces du dossier, il faudrait être aveugle pour ne pas voir que le poison du doute s'installe et que je peux en être la cible.

À quelques jours du début des assises, je ne peux me permettre d'apparaître affaibli, ou que ma probité soit remise en cause. Je dépose donc formellement plainte auprès du procureur de la République de Grenoble et le fais savoir par un communiqué de presse.

Cet incident, pour désagréable qu'il soit, ne constitue pas vraiment une surprise, tant la médiatisation de cette affaire fut d'une intensité inouïe. Dès les premiers jours, la disparition de Maëlys captiva les Français. L'âge de la victime, une fillette de huit ans, les circonstances de son enlèvement, un mariage de fin d'été, le profil du mis en cause et l'ampleur des recherches, tout concourait à son exceptionnelle médiatisation. S'il faut reconnaître que la plupart des journalistes ont su faire preuve de mesure et de professionnalisme dans leur traitement de l'affaire, il est cependant incontestable qu'à plusieurs reprises certains d'entre eux ont franchi la ligne rouge.

J'en veux pour preuve deux incidents majeurs. Le premier date du 14 février 2018, tragique journée au cours de laquelle le corps de la malheureuse fillette est retrouvé dans le massif de la Chartreuse. Pendant que les gendarmes s'affairent aux recherches, les parents et la sœur de Maëlys restent reclus dans leur maison du Jura, télé tournant en boucle et portables allumés dans l'attente d'un appel de la juge d'instruction. Des dizaines de journalistes jugent utile, ce jour-là, de faire le planton devant le domicile de la famille. Pire, certains vont même jusqu'à franchir le portail et tenter de pénétrer à l'intérieur de la maison. Acculés, les parents de la fillette sont contraints de lâcher leurs chiens aux trousses des journalistes et d'appeler la gendarmerie.

Autre épisode déplorable : les fuites relatives aux restes du corps de la petite fille. Nous sommes alors au printemps 2018. Mes clients et moi ne disposons pas de la moindre information quant à l'autopsie, effectuée quelques jours auparavant. À grand renfort d'« alertes info » et de mentions « exclusif », un média annonce que l'autopsie révèle que Maëlys a subi une fracture de la mâchoire. Détail sordide, la chaîne précise que cette fracture est concomitante à la mort de la petite fille. Les yeux rivés sur leur smartphone, mes clients reçoivent ces « nouvelles révélations » comme des coups de poignard.

Ces dérives mises à part, l'affaire Maëlys constitua pour moi une sorte de baptême du feu médiatique. Je découvris une profession, celle de journaliste, que j'avais déjà pu appréhender dans d'autres dossiers, mais l'affaire me permit d'entretenir des relations plus étroites avec certains d'entre eux. J'en tire quelques conclusions pour la suite de mon exercice professionnel.

Premier enseignement : toujours rester prudent dans ses relations avec les médias et savoir se fixer des règles. Certaines sont évidentes. Pas de fuites liées au dossier, strict respect de la déontologie de la profession. Mais d'autres sont plus complexes. *Quid*, en particulier, du « off », cette pratique qui consiste à livrer une information sous couvert d'anonymat ? Sur ce sujet, les journalistes sont fiables. Il ne leur viendrait pas à l'esprit de rompre un « off » en révélant leurs sources, y compris devant des enquêteurs. Pour autant, le procédé n'est pas exempt de critique. Pourquoi lâcher des informations en refusant d'en admettre publiquement la paternité ? Au fond, la limite de l'exercice se situe sûrement quelque part entre la déontologie, les besoins de la défense du client et la morale personnelle de l'avocat.

Au-delà de ces questions d'ordre éthique, j'ai aimé travailler avec les journalistes, pour plusieurs raisons. J'avoue d'abord avoir été stupéfait par leur capacité à obtenir des informations. Les vrais « faits-diversiers » – dites plutôt « journalistes police-justice » – disposent de réseaux très efficaces dans le monde judiciaire, qui leur permettent d'avoir accès à un volume et à une précision d'informations absolument remarquables. Je suis d'ailleurs toujours étonné d'entendre les journalistes évoquer certaines affaires comme s'ils étaient magistrats ou avocats et qu'ils traitaient eux-mêmes les dossiers ! J'ai en outre compris que ce travail de collecte des informations et d'approche des sources était, comparativement à celui consacré à la diffusion de l'information en tant que telle, largement supérieur. Un bon journaliste police-justice passe plus de temps à « bosser ses sources » qu'à apparaître à l'antenne ou à écrire ses articles.

J'ai aussi aimé la précision, le sens de la formule, la maîtrise de la langue française que cette profession donna à voir. J'y ai vu des ponts avec le métier d'avocat, en particulier celui d'avocat pénaliste. Je garde enfin le souvenir d'une profession viscéralement attachée à son indépendance. « Chiens de garde de la démocratie », selon la jurisprudence de la Cour européenne des droits de l'homme, les journalistes constituent assurément l'un des piliers d'une société moderne et éveillée.

Avec le recul, on peut bien sûr s'interroger sur les conséquences de la médiatisation de cette affaire. Cette question n'est pas taboue. Disons-le d'emblée, je serais d'une mauvaise foi patente si je prétendais que les acteurs du dossier ont été totalement imperméables à la tempête médiatique. C'est un fait incontestable que chaque Français, à moins de vivre isolé dans une île dépourvue de smartphone ou de télévision, était tenu informé des derniers développements de l'affaire. Précisons toutefois que, dans leur immense majorité, les faits révélés par les médias étaient exacts, à telle enseigne que Nordahl Lelandais n'exerça qu'une seule et unique action en diffamation. Quant à l'influence supposée de la médiatisation sur la peine finalement prononcée, je pense en conscience que celle-ci a été quasi nulle. Si la cour a condamné le meurtrier de Maëlys à la réclusion criminelle à perpétuité, c'est sur la base d'éléments objectifs, examinés de manière approfondie durant trois semaines d'audience. Dans ce dossier, la justice n'a pas été rendue sur les plateaux de télévision, mais par une cour d'assises qui, sous l'autorité de sa présidente, a jugé l'accusé avec une impartialité et un respect du droit exemplaires.

*

Tribunal correctionnel de Sarreguemines, 18 mai 2018. Mikael, un chômeur à la dérive d'une trentaine d'années, s'approche de la barre en tentant de faire bonne figure devant l'assistance.

Quelques semaines plus tôt, cet *addict* aux réseaux sociaux a voulu briller en partageant un article consacré à l'affaire Maëlys sur sa page Facebook. Il ajoute la phrase suivante, en référence à Nordahl Lelandais : « À voir sa gueule je me dis qu'elle [*sic*] courage il a eu de s'amuser avec une gamine aussi moche ! Un grand homme cet homme moi je vous le dis il doit être admiré. »

Un internaute alerte mes clients, qui aussitôt préviennent la juge d'instruction. L'affaire est prise au sérieux. Le centre de lutte contre les criminalités numériques se saisit sans tarder de l'enquête, afin d'identifier l'auteur du commentaire. Les investigations portent sur l'adresse IP utilisée, mais aussi sur le profil Facebook sur lequel a été écrite cette prose nauséabonde. Très vite, les enquêteurs s'aperçoivent que l'individu a posté plusieurs photos de son environnement. Une image en particulier les intéresse car on peut discerner une fenêtre donnant sur une rue avec, à l'arrière-plan, un arrêt de bus. Les gendarmes parviennent à identifier ledit arrêt de bus et à localiser le lieu d'où la photo a été prise, qui n'est autre que le domicile du mis en cause…

L'enquête, rapide et efficace, a donc permis de remonter jusqu'à l'auteur de l'écrit. Il est cueilli quelques jours plus tard par la gendarmerie, puis cité du chef d'apologie de crime, à l'initiative du parquet, devant le tribunal.

J'ai fait le déplacement à l'audience, accompagné des parents de Maëlys. Excédés par les rumeurs et autres *fake news* qui prospèrent sur les réseaux sociaux, ils tiennent à marquer par leur présence leur ferme réprobation de tels propos.

Le moins que l'on puisse dire est que l'attitude du prévenu à la barre ne le sert pas. Visiblement encore surpris d'avoir pu être identifié si rapidement par les enquêteurs, l'homme prétend qu'il s'agissait d'une simple forme d'humour mal placé, sans volonté aucune d'atteindre à la mémoire de Maëlys.

Telle ne fut pas l'analyse du tribunal, qui le condamna à une peine de six mois d'emprisonnement avec sursis.

9

Sur les marches du palais

Dimanche 30 janvier 2022. Veille du premier jour des assises. Nous avons rendez-vous, Armel et moi, au palais de justice de Grenoble pour y déposer nos robes, la multitude de notes, fiches et cotes de plaidoirie que nous avons préparées en prévision de l'audience. À notre arrivée, le palais est désert. De l'extérieur, les surfaces vitrées du bâtiment, toutes lumières éteintes, sont peu amènes, voire sinistres en cette fin de journée d'hiver. Les couloirs sont vides et la salle des pas perdus, que nous traversons munis d'un chariot à roulettes pour transporter notre encombrante cargaison, est silencieuse. Nous faisons plusieurs allers-retours entre le parking situé au sous-sol et la salle d'audience, où nous attendent plusieurs membres du personnel du palais.

La salle est vide mais la tension est déjà palpable. Nos confrères de la défense nous ont précédés. Ils ont déjà déposé leurs affaires en prévision de la bataille qui s'annonce. Je perçois aussi la tension qui précède les grands événements dans le regard du personnel qui nous accueille en salle. Ils ont la mine sombre et, alors que je m'agite, ils paraissent comme interdits. Visiblement, leur hiérarchie les a briefés pour que « tout se passe bien » et ils semblent hantés à l'idée que la moindre difficulté tourne au psychodrame. Ils scrutent mon attitude, veulent entamer la conversation pour cerner mon état d'esprit à la veille du grand jour.

Je ne veux pas me vider de mon énergie en discutant trop longuement avec eux. Je reste poli, mais je dois me concentrer sur ce que j'ai à faire : réserver ma place sur le banc des parties civiles, veiller à ce que mon MacBook soit relié à une prise électrique, trouver un réseau WiFi qui fonctionne correctement. Pendant ce temps, Armel achève de déposer les dizaines de tomes du dossier de procédure que j'ai tenu à emporter en intégralité, afin d'être en mesure de réagir à tout instant si les débats l'exigent.

Une fois nos affaires déposées, je prends le temps de parcourir la salle et de m'avancer vers le box des accusés, puis vers les sièges qui seront occupés par la cour et les jurés. Quatre ans et demi après l'appel de Jennifer reçu sur mon portable, le temps de la justice est venu. Dans quelques heures, ces sièges seront occupés par ceux qui auront à rendre leur verdict. Le silence qui règne dans cette enceinte laissera place à l'effervescence des grands procès. Dans ce box vide, en face du banc des parties civiles, comparaîtra Nordahl Lelandais.

L'impression de calme avant la tempête est renforcée par l'architecture de la salle elle-même, moderne et aseptisée. Je la connais pour y avoir déjà plaidé il y a plusieurs années. Elle ressemble à une sorte de réacteur nucléaire prêt à entrer en fusion. Intégralement habillée de bois et éclairée par une lumière blafarde, elle ne comporte aucune fenêtre, pas la moindre ouverture vers l'extérieur. Nous sommes loin de l'affluence des trois semaines à venir, mais j'ai déjà l'impression d'étouffer.

Nous sortons de la salle en saluant le personnel, franchissons les portes vitrées du palais et retrouvons enfin l'extérieur. De retour sur le parvis, j'aspire une grande bouffée d'air frais.

Nous décidons de rendre visite à nos clients, qui ont loué une maison à quelques pas du palais, le temps du procès. Il s'agit davantage d'une visite de courtoisie que de discuter du dossier. À la veille d'une telle échéance, rien ne sert de parler stratégie.

À notre arrivée, toute la famille est présente et s'affaire à prendre possession des lieux. J'essaye de prononcer quelques mots apaisants pour tenter de les réconforter avant l'épreuve qui les attend, mais notre rendez-vous au palais a fait monter en flèche ma nervosité. J'ai la tête ailleurs. Je suis focalisé sur le combat à livrer le lendemain. Pas vraiment l'interlocuteur idéal pour apaiser mon entourage, je suis une véritable boule de stress. À coup sûr, cela se ressent. Nous prenons néanmoins quelques minutes pour discuter d'un problème qui nous a préoccupés dans les jours précédant l'audience.

Depuis plusieurs semaines, certains protagonistes du procès me paraissent préoccupés à l'idée que les parents de Maëlys se présentent à l'audience munis d'un grand portrait de leur fille. Mes interlocuteurs me mettent en garde quant au risque de pression sur les jurés. Pourraient-ils sereinement juger cette affaire avec le visage de Maëlys constamment placé sous leurs yeux ? J'interroge certains confrères rompus aux audiences d'assises pour recueillir leur avis sur la question. Nombre d'entre eux m'alertent :

— Fais attention, si la famille en fait trop, cela pourrait braquer les jurés. Si j'étais toi, je leur conseillerais de ne pas venir avec ce portrait.

Je sens mes clients révulsés à l'idée de voir leur petite Maëlys interdite d'accès à la salle d'audience. Je partage leur incompréhension. Je ne vois pas en quoi la présence de ce portrait peut poser une quelconque difficulté. À ceux qui prétendent que les jurés pourraient ressentir une forme de pression, je rappelle que la vidéo de la fillette dans l'Audi de l'accusé ou les images de l'autopsie sont autrement plus bouleversantes et qu'elles ont pourtant vocation à être diffusées pendant le procès. J'ajoute que je dispose d'une quinzaine d'exemples de familles de victimes munies de représentations diverses de leurs proches disparus : t-shirts, tableaux, photos, les précédents ne manquent pas. Jamais, à ma connaissance, les juges ne s'y sont opposés. En somme, les parents de Maëlys n'ont rien inventé et cette pratique devient fréquente devant les tribunaux. Je rappelle enfin que lorsque Nordahl Lelandais a été jugé pour le meurtre d'Arthur Noyer, les parents du malheureux caporal se sont présentés devant la cour d'assises de la Savoie munis d'une grande photo de leur fils, ce qui n'a pas posé de difficulté.

À mesure que le procès approche, je vois venir le clash et j'en crains les conséquences. J'anticipe donc un incident dès le premier jour d'audience sur cette question très sensible et je veille à ne rien laisser au hasard pour défendre la position de mes clients. Avec mes collaborateurs, nous cherchons de fond en comble tout le droit applicable sur ce sujet. Je vais jusqu'à contacter l'artiste qui a peint ce très joli tableau, afin qu'il explique, dans une lettre à l'attention de la cour, les raisons qui l'ont conduit à consacrer une de ses toiles à la tragique disparition de Maëlys.

J'ai aussi conscience que, s'il doit survenir, un tel incident va nécessairement marquer les esprits pour la suite de l'audience. La défense, si elle s'oppose à la présence du portrait dans la salle, a l'occasion de prendre l'ascendant psychologique sur les débats, et ce dès le début du procès – ce qui, aux assises, est loin d'être négligeable.

Surtout, je nous imagine mal être contraints de remiser le portrait de Maëlys hors de l'enceinte, capitulant dès le premier jour d'audience. Je crains enfin le risque de scandale que cela peut engendrer : la famille de Maëlys, déjà tragiquement éprouvée, va donc être privée du portrait de sa fille par les juges ? L'affaire peut virer à la déflagration médiatique.

Fort heureusement, une solution est trouvée durant le week-end précédant le procès. Mes clients font un geste en acceptant que le tableau représentant leur fille soit déposé à l'extérieur de la salle d'audience, tout en ayant la possibilité d'assister au procès munis d'une petite photo plus discrète. Quelques heures avant l'ouverture de l'audience, la perspective d'un incident sur ce point semble s'éloigner, ce qui n'est pas sans me soulager.

Durant ces trois semaines d'assises, la famille de Maëlys respectera l'accord conclu. Aucun incident ne sera à déplorer. Il était néanmoins de mon devoir de tout prévoir en amont de l'audience, y compris ce type de problème qui pouvait se révéler inflammable. Même si le sujet m'a accaparé pendant plusieurs jours, je ne regrette pas d'avoir anticipé cette difficulté, finalement levée *in extremis*...

Une fois notre visite achevée, nous rentrons à l'hôtel que j'ai réservé pour les trois semaines de procès. Je monte directement dans ma chambre et tente, difficilement, de trouver le sommeil.

*

Lundi 31 janvier, 8 heures.

J'ai mal dormi, mes traits sont tirés. J'ai l'estomac noué devant mon petit déjeuner. L'hôtel, situé à moins de cinquante mètres du palais, est truffé de journalistes. J'avale fébrilement café, céréales et quelques fruits, entouré des équipes de BFM TV, CNews et TF1 attablées à côté de moi. Elles sont déjà sur le pied de guerre, prêtes pour les premiers directs de la matinée. Avouez que cette promiscuité matinale n'est pas franchement idéale, de surcroît après une quasi-nuit blanche ! On s'imagine que, lorsqu'on aura à connaître une grande affaire médiatique, on sera frais et plein d'énergie, après une nuit paisible et réparatrice, pour affronter les caméras de la France entière... Mais les innombrables préoccupations et soucis de dernière minute vous détournent de l'essentiel et achèvent de vous rendre insomniaque la veille d'un jour aussi important.

Armel et Alicia me rejoignent. Ils sont en forme. Après un second expresso, je parviens à rassembler mes esprits et me sens prêt à entamer ces assises. Impatient, même.

Nous retrouvons nos clients et leurs proches venus les soutenir en ce jour si important. Leur présence me regonfle immédiatement. Je regarde Jennifer, Colleen, les grands-parents de Maëlys, Renée et Michel. Leurs visages me donnent de la force et me motivent. Mal dormi ? Peu importe !

Nous sortons en groupe de l'hôtel et approchons à pied du palais. Comme prévu, Jennifer porte à bout de bras son grand portrait de Maëlys. Très vite, une nuée se jette littéralement sur nous. En quelques secondes, les journalistes forment un essaim compact de plusieurs dizaines de personnes, luttant pour être au plus près de mes clients. Ils reculent, à l'aveugle, à mesure que nous avançons. Dans la confusion, sous le crépitement des flashs, l'un d'entre eux chute lourdement au sol, heurtant une borne de stationnement.

Nous arrivons péniblement jusqu'aux marches du palais. Je marque un temps d'arrêt, afin de prononcer quelques mots. La mère de Maëlys souhaite se préserver et il est convenu que je m'exprime. Je prends donc la parole mais me contente d'une courte déclaration. Il faut livrer un message incisif, sans se perdre en conjectures, pour être certain que les médias reprendront *in extenso* mes déclarations. Je dis simplement ceci :

— Le temps de la justice est arrivé, le moment est venu de mettre Nordahl Lelandais face à ses crimes.

Je rentre ensuite dans l'enceinte en pressant mes clients, contraints de se soumettre à un interminable contrôle au portique de sécurité. Sous l'œil des caméras, nous traversons la salle des pas perdus, puis nous franchissons un nouveau portique, jusqu'à l'entrée de la salle d'audience.

Je me dirige vers le banc des parties civiles. J'y retrouve les affaires que nous avons déposées la veille. Je revêts ma robe, puis je jette un coup d'œil à l'horloge qui trône au fond de la salle. Il est 9 h 30.

Nous y sommes. Enfin.

Malgré le stress et la nuit difficile, cette première matinée d'assises résonne pour moi comme une libération. J'appréhende le combat à mener. Mais je me sens libéré d'un poids, celui d'une instruction que j'ai subie pendant quatre ans, au cours de laquelle, en tant qu'avocat des parties civiles, la loi ne m'accordait qu'un rôle assez limité. Enfin, je vais pouvoir plaider, être dans l'action, la vraie. Je vais pouvoir défendre pour de bon cette famille. Être un acteur et non plus un spectateur cantonné au statut d'intermédiaire entre la justice et mes clients.

Car c'est peu dire que j'ai mal vécu ce rôle de « service après-vente de l'instruction » qui m'était assigné, coincé que j'étais entre des juges souvent silencieux et cette malheureuse famille aux mille interrogations. Contraint de justifier certains choix de la part des magistrats, que je ne partageais pas toujours, obligé d'expliquer le fonctionnement de la justice pénale à des victimes que rien ni personne, et c'est normal, n'avait prédestinées à un tel parcours judiciaire. J'ai multiplié les initiatives pour tenter de « peser » sur la procédure d'instruction, mais je savais que celle-ci n'était finalement qu'un long sas d'attente pour les parties. La bataille, la vraie, se mène aux assises et pas ailleurs.

Je craignais que ces quatre années d'instruction ne créent des frustrations chez mes clients vis-à-vis des juges – ce qui fut le cas au sujet de la qualification de viol que les magistrats n'ont pas retenue – et qu'elles finissent, à la longue, par susciter des incompréhensions entre eux et moi. Mes amis pénalistes ne cessaient de me le répéter :

— Tu sais, Fabien, dans ce genre de dossier, le plus dur c'est de tenir pendant l'instruction. Il ne se passe pas grand-chose pendant des mois et, même si tu n'y es pour rien, c'est malheureux mais ça finit par lasser les clients. Tu ne seras pas le premier à endurer toute l'instruction pour être débarqué la veille des assises par un ténor parisien !

D'un naturel anxieux, je ne pouvais m'empêcher de ruminer tout cela et de m'inquiéter, alors même que mes clients me renouvelaient leur confiance et leurs encouragements. Ce fut donc avec soulagement que j'entamai ces assises. Madame la présidente prit la parole :

— L'audience est ouverte, vous pouvez vous asseoir.

Cette fois, c'était parti.

10
Trois semaines de combat

À la réflexion, ces quatre années d'instruction me donnent un avantage non négligeable sur bon nombre d'acteurs de ces assises. Car à la différence du procureur général, de mes confrères représentant les autres parties civiles ou des jurés, je connais le dossier, pas simplement pour avoir travaillé les procès-verbaux, mais pour l'avoir vécu de l'intérieur.

J'ai notamment « pratiqué » l'accusé à plusieurs reprises. Je l'ai vu à l'œuvre devant la chambre de l'instruction, dans le bureau des juges et pendant la reconstitution.

Premier enseignement que j'en ai tiré : je sais à quoi m'en tenir quant à la perspective d'aveux complets de sa part. J'en suis convaincu : c'est peine perdue.

Ces quatre années d'instruction me donnent un autre avantage. J'ai pu discerner les principaux axes de défense développés pendant la procédure. Certains arguments reviennent souvent chez les conseils de l'accusé. J'ai aussi noué des liens étroits avec l'avocat de la famille d'Arthur Noyer, mon excellent confrère

Bernard Boulloud, ce qui me permet de partager mon ressenti sur le dossier et de comprendre comment la défense de Nordahl Lelandais a avancé ses pions devant la cour d'assises de la Savoie. Je dispose donc d'un petit temps d'avance sur les autres parties. J'entends bien pousser mon avantage durant les débats.

Pour ces trois semaines d'audience, ma stratégie consiste en quelques principes simples. En premier lieu, ne pas courir après des aveux qui ne viendront jamais, mais plutôt chercher à mettre Nordahl Lelandais en contradiction avec les éléments objectifs du dossier qui l'accablent. Si l'accusé campe sur ses positions et ne « lâche » rien, le peu de crédit accordé à sa parole devrait logiquement s'effondrer à l'audience.

En second lieu, je veillerai à défendre le travail des enquêteurs contre les éventuelles tentatives de discrédit pouvant émaner de la défense. Il a été exceptionnel de minutie et mené sous l'autorité de juges d'instruction impartiaux. Et si l'affaire a connu un emballement médiatique incontestable, les investigations ont été conduites de manière exemplaire. Là est l'essentiel.

En troisième lieu, je souhaite faire un maximum de ponts entre les affaires Maëlys et Noyer. Naturellement, la défense tentera sans doute de dissocier les deux dossiers. Elle y est d'ailleurs parvenue devant les assises de la Savoie. Je veux multiplier les références à l'affaire Noyer pour que la cour juge Nordahl Lelandais en gardant à l'esprit qu'il a déjà tué.

En quatrième lieu, je dois rester pédagogue dans chacune de mes démonstrations. Plaider devant des jurés d'assises qui n'ont reçu aucune formation juridique et qui n'ont pas étudié la procédure constitue un exercice bien différent de la défense devant des magistrats professionnels. Pour convaincre, il faut savoir expliquer, et la pédagogie est la clef de l'éloquence.

J'ai à l'esprit ces objectifs lorsque la présidente ouvre l'audience et que les jurés sont, un à un, tirés au sort pour être soumis au moment, toujours attendu, des récusations.

Une dame appelée à siéger par la cour semble terrifiée à l'idée de plonger dans l'horreur d'une telle affaire. Alors qu'elle se lève pour prendre place parmi le jury, elle bredouille quelques mots, indiquant en substance qu'elle ne se sent pas la force de siéger. À deux doigts de faire un malaise, elle demande à renoncer à sa mission. Madame la présidente, compréhensive et convaincue, comme nous tous, que la pauvre dame est proche de l'asphyxie, accepte qu'elle fasse demi-tour pour quitter définitivement la salle.

Les premiers jours d'audience sont consacrés à la personnalité de l'accusé et plus particulièrement à l'audition de ses proches.

La cour entend deux membres de la famille Lelandais, en l'occurrence sa mère et sa sœur. J'imagine que l'instant est pénible pour les deux femmes, qui ont déjà témoigné devant les assises de la Savoie. Citées par la défense, elles tentent de présenter l'accusé sous un jour favorable. Mais, face aux questions de la présidente, leur attitude tourne au déni pur et simple.

Le lendemain, *Le Figaro* titre son article consacré aux débats de manière cinglante : « Aux assises, les illusions du clan Lelandais. » Il est vrai que leurs auditions devant la cour se sont révélées désastreuses. J'ai d'ailleurs terminé de compléter le tableau d'une famille qui perdait pied, en faisant citer comme témoin le frère de l'accusé. J'avais eu l'occasion de me frotter au personnage, lorsqu'il avait eu à répondre devant un tribunal de l'envoi de dizaines de messages malveillants à la cousine de Maëlys. Il avait été relaxé, mais j'avais noté qu'il idolâtrait son frère et qu'il semblait aveugle devant ses dérives.

À la barre, il affirme que Nordahl Lelandais fut un élève brillant, alors que son frère a arrêté sa scolarité dès le collège… Le même déni semble frapper la mère de l'accusé lorsqu'elle prétend que son fils réussissait tout ce qu'il touchait. Sur la forme, je suis incisif mais veille à ne pas amalgamer Nordahl Lelandais et ses proches. Je suis en revanche stupéfait de constater qu'aucun repère n'émerge pour stopper la descente aux enfers de l'aîné des enfants de la famille. À plusieurs reprises, j'interroge : qui pour dire « stop » ? Qui pour frapper du poing sur la table ? L'absence de réponse à ces questions me consterne.

Les auditions d'anciens proches et d'ex-petites amies de l'accusé suivent. Multipliant les questions aux témoins, je tente de mettre en exergue les aptitudes du meurtrier de Maëlys à inspirer confiance et à nouer des contacts. À mon sens, cela le rend d'autant plus dangereux et fait de lui un individu très à l'aise en société. Petit à petit, je gagne en assurance et pose mes jalons.

Mais c'est au milieu de la première semaine de procès que je marque un premier point. L'après-midi de ce mercredi 2 février est consacré à la détention et aux antécédents de l'accusé. La séquence s'annonce soporifique pour bon nombre d'observateurs. Je réserve néanmoins une surprise à l'assemblée, surprise que nous avons minutieusement préparée.

*

Quelques semaines avant le début des assises, nous avons appris que Nordahl Lelandais s'est vu saisir le téléphone dont il est parvenu à disposer dans sa cellule. La chose m'intéressait, non tant du fait de l'introduction du portable, puisqu'ils pullulent en prison. J'espérais surtout que l'enquête relative à ce téléphone permette de déterminer le contenu de celui-ci. Quinze jours avant le procès, nous avons reçu un e-mail nous informant de la jonction de cette procédure avec notre dossier d'assises. L'e-mail contenait en pièce jointe le dossier relatif à cette enquête. À l'analyse de ce dossier, Alicia et moi avons littéralement bondi. Parmi ces pièces figurait la liste des sites Internet consultés par Nordahl Lelandais sur l'appareil : sites pornographiques, informations liées à l'affaire Maëlys, hobbies divers et variés… À première vue, la liste n'avait rien de très intéressant. Mais à y regarder de plus près, des consultations de vidéos pornographiques faisaient référence à de très jeunes adolescentes. Consultées quelques semaines avant l'audience depuis sa cellule, elles étaient embarrassantes pour un accusé qui jurait en avoir terminé avec ses démons. Nous avions incontestablement une carte à jouer. Restait à savoir quel était le moment le plus opportun pour l'abattre.

Ce 2 février, la cour évoque le casier judiciaire de l'accusé, puis l'infraction de détention de téléphone portable qui lui est reprochée. Visiblement, personne n'a remarqué ses consultations de sites Internet… Les débats se concentrent uniquement sur l'introduction du téléphone, mais pas sur son contenu. Il est temps pour moi de sortir du bois. Je décide de questionner Nordahl Lelandais, en revenant tout d'abord sur le travail psychologique qu'il prétend avoir réalisé depuis sa mise en examen. L'occasion m'en est donnée, puisque la cour s'intéresse justement aux conditions de son suivi psychologique.

Petit à petit, je tire le fil de la pelote, pour cueillir à froid le meurtrier de Maëlys :

— Monsieur Lelandais, comment se passe votre suivi psychologique ?

— Bien, maître. J'aimerais avoir plus de rendez-vous, mais ce n'est pas possible à cause du manque de moyens accordés à la pénitentiaire.

— Très bien. Pensez-vous que le travail que vous avez entamé depuis le début de votre détention porte ses fruits ?

— Oui, je pense.

Je reprends la parole, insistant :

— Donc, on peut dire que ça va mieux ? Que la pédophilie et vous, c'est fini, c'est bien cela ?

— Oui, on peut le dire, je fais le maximum pour comprendre ce qui m'est arrivé et prendre du recul sur tout ça, réplique-t-il d'un air rassurant.

À cet instant, il ne me reste plus qu'à révéler nos petites découvertes débusquées dans le dossier. J'entre alors dans le vif du sujet :

— Dans ce cas, monsieur Lelandais, comment expliquez-vous qu'il y a trois mois à peine, dans votre cellule, vous consultiez des vidéos aux titres aussi évocateurs que « Ma petite sœur ado me fait jouir avec sa culotte sexy » ? Pensez-vous que ces consultations, effectuées depuis votre lieu de détention, soient de nature à nous rassurer sur votre profil ?

Stupéfaction dans la salle. Silence embarrassé du côté du box de l'accusé. Mon uppercut a parfaitement touché sa cible. J'énumère les autres vidéos consultées par Nordahl Lelandais depuis sa cellule. La liste est à tout le moins gênante… La cour a de bonnes raisons de s'inquiéter qu'un accusé consulte ce type de fichiers quelques semaines avant son procès pour le meurtre d'une fillette de huit ans…

Pas mécontent de mon coup d'éclat, je peux, devant les micros et caméras qui m'attendent à la sortie de l'audience, tirer les conclusions de mon intervention de l'après-midi :

— L'enjeu, c'est de savoir si Nordahl Lelandais a évolué depuis le début de sa détention. Je pense l'avoir démontré pendant l'audience. Ma réponse est claire : non, il n'a pas évolué, non, il n'a pas changé !

Mission accomplie. Ma torpille, patiemment préparée, a parfaitement atteint sa cible. En rentrant à l'hôtel, je savoure ce point marqué. Je suis pleinement « entré dans le match » et de plus en plus à l'aise au cours des débats.

Les jours suivants, les enquêteurs de la gendarmerie sont appelés à venir témoigner à la barre. Ils effectuent une exceptionnelle démonstration de compétence devant la cour d'assises. À l'évidence, nous avons affaire à des enquêteurs de très haut niveau, qui plus est passionnés par leur métier. Des moyens considérables, dignes de dossiers de « terro », ont été mis sur l'enquête. Je profite de leur venue à la barre pour les remercier. Car j'ai la conviction que, sans eux, l'affaire Maëlys en serait certainement restée à l'état de *cold case.*

Je pense notamment à ces experts de l'IRCGN qui ont appliqué à la lettre l'adage d'Edmond Locard, père de la police scientifique, selon lequel « nul ne peut agir avec l'intensité que suppose l'action criminelle sans laisser des marques multiples de son passage ». Ils ont passé intégralement au crible l'Audi de Nordahl Lelandais jusqu'à trouver une minuscule trace de sang de la petite Maëlys. J'ai aussi à l'esprit ce gradé de la gendarmerie, expert en extraction de données téléphoniques, qui fait devant la cour un brillant exposé relatif à l'activité du téléphone de l'accusé durant la nuit des faits.

À la réflexion, les différents témoignages des gendarmes constituent un moment important pour la famille de Maëlys. Ils peuvent ainsi être convaincus que cette affaire a été prise très au sérieux. Les investigations ont été confiées à de vraies « pointures ». Quelque part, les proches de la fillette peuvent être rassurés d'avoir pu compter sur des enquêteurs aussi remarquables.

Autres professionnels qui défilent à la barre : les experts qui ont procédé à l'analyse de la personnalité de Nordahl Lelandais pendant l'instruction. Ayant compris les intentions de la défense à leur égard, je craignais franchement le pire… Ils allaient se faire « pulvériser » ! Il est d'ailleurs assez habituel pour les avocats de la défense de bousculer les experts à la barre. Il faut dire que le match est en général assez déséquilibré entre, d'une part, des pénalistes rompus à l'oralité et qui maîtrisent les techniques de déstabilisation des témoins et, d'autre part, des experts, certes très compétents, mais dont le langage se révèle souvent incompréhensible et l'univers assez nébuleux. J'étais assez inquiet à l'idée de voir les experts endurer le feu des questions de mes confrères de la défense. J'étais d'autant plus préoccupé que, sur le fond, les rapports d'expertises que j'avais pu consulter étaient non seulement très utiles pour caractériser la dangerosité de l'accusé mais, en outre, particulièrement bien rédigés. Il eût été injuste que leur témoignage tourne à l'humiliation et que leur travail soit discrédité.

Finalement, tous tiennent bon lors de leur interrogatoire. Je tente d'intervenir pour souligner le sérieux de leurs travaux, mais le sujet est éminemment complexe. Mieux vaut rester prudent et ne pas trop m'exposer, ce d'autant plus que, devant la cour, les experts s'en sortent avec les honneurs. Je retiens de leurs interventions à la barre qu'ils s'accordent tous quant à la dangerosité de l'accusé. Je tiens ce point pour acquis et le note en prévision de ma plaidoirie.

Au fur et à mesure que les jours d'audience défilent, Nordahl Lelandais paraît de plus en plus embourbé dans ses mensonges. En parallèle, la question du mobile sexuel devient chaque jour plus brûlante. Son rapport à la pédophilie, établi par les nombreuses extractions d'images qu'il a pu consulter, comme par les agressions sexuelles sur ses petites-cousines, rend inévitable un débat au sujet de l'hypothèse d'un viol de Maëlys.

Une étude méticuleuse des pièces du dossier m'oriente vers des comptes rendus d'écoutes téléphoniques entre certains membres de la famille de l'accusé. Elles démontrent qu'ils sont persuadés que Nordahl Lelandais a violé Maëlys avant de la tuer. Je donne lecture de ce procès-verbal devant la cour d'assises.

Mon objectif n'est pas tant de mettre en position inconfortable la famille de l'accusé que de démontrer qu'il est bien le seul à prétendre ne pas avoir violé la fillette. Terminant ma lecture du procès-verbal, je me tourne vers le box :

— Nordahl Lelandais, savez-vous ce que pensent vos proches de vous ? Ils pensent que vous avez violé Maëlys !

Chaque jour, planter une banderille et tenter d'affaiblir la version de l'accusé. J'avance mes pions et prends, lentement mais sûrement, l'ascendant sur les débats. Le soir venu, je peux me vider la tête en allant courir. Écouteurs dans les oreilles et musique à fond, je parcours Grenoble pour relâcher la pression.

La citation de l'ex-procureur de la République de Grenoble constitue incontestablement un autre moment fort de ces assises.

J'en suis directement à l'origine. J'ai demandé à le faire citer à la barre. Son témoignage, libre et direct, achèvera de conduire Nordahl Lelandais vers une perpétuité chaque jour plus inexorable. Faire citer un procureur, qui plus est à la retraite, constitue un fait rare, mais envisageable juridiquement. Avant le procès, nous avions épluché le Code de procédure pénale et rien ne l'interdisait. Je tentais donc ma chance. En le faisant citer devant la cour, j'attendais qu'il parle franchement, qu'il dise aux jurés qui était le vrai Nordahl Lelandais.

Je ne suis pas déçu. L'ancien procureur l'affirme sans détour : l'accusé a violé Maëlys et a fait disparaître les preuves de son crime en cachant le corps de sa victime en pleine montagne. Son propos accrédite en tout point la thèse que je développe. Voilà un homme qui n'a rien à gagner à venir s'exposer devant une cour d'assises, mais qui a accepté de s'exprimer avec le seul souci de protéger la société et de témoigner de ce qu'il a vécu. Une fois son audition achevée, il quitte l'enceinte suivi de nombreux journalistes et d'une nuée de badauds. J'accompagne Colleen à la sortie de la salle. En larmes, elle va remercier l'ancien procureur d'avoir dit sa part de vérité.

*

Les parties civiles ont la possibilité de témoigner à la barre de la cour d'assises. Ce moment est tout à la fois redouté et attendu par les victimes. Redouté, parce qu'elles craignent de ne pas trouver les mots justes pour décrire leurs souffrances et de ne pas être comprises par les juges. Une cour d'assises, avec tout ce qu'elle représente de solennité, de règles de droit obscures, impressionne, qu'on le veuille ou non. Témoigner devant les jurés, être exposé à d'éventuelles questions ou remarques des avocats, se soumettre au regard inquisiteur des médias, tout cela fait beaucoup pour les victimes.

D'un autre côté, ce moment est aussi attendu par les proches, qui n'ont pas toujours l'occasion de s'exprimer durant la procédure et qui souhaitent souvent s'adresser directement à l'accusé. Plusieurs semaines avant les assises, j'avais réfléchi au moment où la mère et la sœur de Maëlys allaient devoir s'exprimer à la barre, songeant aux conseils et au soutien que je me devais de leur apporter.

Je note que, malgré les épreuves endurées, la mère de Maëlys, dans les semaines précédant les assises, semble reprendre des forces. Plus j'échange avec elle, plus je suis confiant quant à sa capacité à supporter l'épreuve du procès. La publication du livre qu'elle a consacré à sa fille lui a permis de donner un sens au drame qui l'a percutée de plein fouet. Cet ouvrage, puissant et bien écrit, a visiblement fait du bien à ma cliente.

Son témoignage devant la cour relève de la perfection : empreint d'humanité et de dignité, sans haine inutile à l'égard de l'accusé et précis sur les faits. Elle s'exprime d'un ton juste qui donne du crédit à ses propos. Elle ajoute, à l'attention des jurés, qu'elle attend simplement d'eux qu'ils protègent notre société et place ainsi la cour dans de bonnes dispositions pour rendre son verdict. Jennifer leur fait passer un message de confiance, pas de vengeance. Elle ne cherche pas à « braquer » les jurés en exigeant d'eux quoi que ce soit. Au fond, son propos constitue le meilleur moyen d'obtenir la peine de perpétuité que nous attendons. D'ailleurs, cette attitude correspond bien au caractère sobre mais toujours combatif que je lui connais.

Quelques semaines avant le procès, j'avais eu l'occasion de dire à Colleen qu'elle allait elle aussi pouvoir s'exprimer devant la cour. Je la reçois alors avec mon équipe pour une journée de préparation des assises que nous lui avons concoctée. J'ai prévu un petit déjeuner, un rapide briefing sur le dossier et des explications sur le fonctionnement de la justice pénale, suivis d'une visite du palais de justice de Grenoble.

L'objectif de cette journée est de la rassurer et de répondre à ses interrogations, avant que les assises ne débutent. Frappée à douze ans par la perte de sa sœur, puis par le divorce de ses parents, elle n'a pas été épargnée par la vie. La jeune fille introvertie que j'ai connue en 2017 a laissé place, quatre ans après, à une adolescente qui ne demande qu'à s'investir dans le procès qui s'annonce. J'envisage d'entamer ma plaidoirie par un mot à son attention. Elle, si durement éprouvée, ne doit pas se laisser tirer vers le bas. Elle doit trouver la force d'avoir confiance dans le genre humain, ai-je écrit en substance dans les notes que j'ai rédigées.

Colleen rédige une lettre qu'elle lira devant la cour. Je veille à lui laisser toute latitude quant au sens qu'elle veut donner à son témoignage. Elle entend s'adresser au meurtrier de sa sœur et ne pas subir ces assises.

L'adolescente fait par la suite mûrir son écrit et se l'approprie.

Le jour J, à la barre de la cour d'assises de l'Isère, face à l'accusé assis dans son box, Colleen prend la parole avec force et aplomb. Audacieuse et digne, elle a à cœur de dire ce qu'est devenu son quotidien depuis la mort de sa sœur. Elle souhaite en particulier décrire le calvaire qu'elle a enduré, un certain 14 février 2018, journée tragique au cours de laquelle elle a appris, enfermée dans la salle de bains, qu'on avait retrouvé sa sœur.

— Vivante ? a-t-elle imploré derrière la porte verrouillée.

— Non…, lui a-t-on répondu à voix basse, avant qu'elle ne s'effondre.

Être la sœur de Maëlys, c'était vivre sans elle, sans ses sourires et sans tous ces moments de complicité. C'était aussi voir sa famille exploser. C'était enfin grandir avec cette question qui revenait en boucle : a-t-il violé ma sœur ?

Une question qu'elle pose à mes côtés, se tournant directement vers l'accusé et le défiant d'un regard déterminé.

Incontestablement, Colleen constitue la révélation de ces assises, et son témoignage marque les esprits. À la sortie de l'audience, les médias ne s'y trompent pas. Les journalistes s'arrachent son interview. Elle accorde un entretien au journal télévisé de 20 heures de TF1. Alicia et moi endossons pour l'occasion le rôle d'imprésarios, la conseillant quant aux éléments de langage à faire passer, tout en gérant la relation avec la journaliste qui assure l'interview.

À l'antenne, elle brille par son courage et par sa dignité. Nous sommes tous fiers d'elle.

11
Plaider pour elle

C'est la plaidoirie qui m'a donné l'envie d'embrasser la profession d'avocat.

Trouver les mots justes, les utiliser comme des armes pour convaincre. Cet exercice m'a toujours fasciné. Adolescent, je m'enfermais dans ma chambre et déplaçais mes meubles pour en faire un prétoire. Des heures durant, j'enchaînais, seul, discours et plaidoiries à voix haute, pour le simple plaisir d'enchaîner les mots.

La liberté accordée au plaideur, que l'on écoute et qui vous mène là où il le souhaite, par le seul talent de son verbe, permet d'emprunter des chemins d'une étendue illimitée. À une époque où tout va si vite, où l'on s'interrompt sans cesse, où la langue française est souvent malmenée, une belle plaidoirie constitue un moment de grâce, quasiment hors du temps.

« Mal nommer les choses, c'est ajouter au malheur du monde », selon les mots de Camus. Plaider, c'est tout l'inverse. La plaidoirie permet de décrire une situation dans ce qu'elle a de plus complexe, de prendre le temps de disséquer les choses, de souligner un détail, de disqualifier un argument en l'anticipant, de confronter une thèse à l'examen, de convaincre par une démonstration claire et synthétique.

La plaidoirie est une forme d'oralité distincte de l'expression politique, que je connais pour la pratiquer en parallèle de mon métier d'avocat. L'objectif demeure le même, mais la forme et l'environnement diffèrent assez nettement. Après une belle plaidoirie, il ne viendrait à l'idée de personne, dans une salle d'audience, de vous applaudir comme lors d'un meeting. Pour autant, la plaidoirie n'a rien d'ingrat, bien au contraire. La reconnaissance du client, qui joue sa vie dans la salle d'audience et qui vous remercie ensuite, une fois son dossier gagné, n'a pas d'égal. La plaidoirie suppose de s'adresser à une personne précise, le juge, alors que le discours politique implique de parler au plus grand nombre. J'ajoute que lorsque l'avocat plaide, il le fait sur la base du droit et de faits objectifs, en respectant des règles d'audience, de déontologie et de confraternité, là où en politique tous les coups sont permis.

Entre avocats, il est admis que ce qui se dit à l'audience reste à l'audience. Plaider est un exercice professionnel, sans animosité. Après une belle confrontation entre confrères, l'usage veut qu'ils se félicitent. J'ai d'ailleurs la conviction que les plaideurs les plus combatifs et les plus efficaces à l'audience figurent parmi les plus sympathiques et les plus confraternels au quotidien. En politique, cette capacité à faire la part des choses est moins évidente. C'est sûrement une des raisons pour laquelle l'expression politique semble souvent plus fade et empruntée que la plaidoirie.

J'ai longuement réfléchi au sens à donner à ma plaidoirie dans cette affaire. Quel message délivrer ? Comment parvenir à convaincre les jurés ? Comment porter la parole de mes clients de la manière la plus fidèle ? Mes interrogations concernaient le fond, mais aussi la forme de l'exercice auquel j'allais devoir me livrer devant la cour d'assises.

Sur la forme, j'hésitais entre une plaidoirie intégralement rédigée et un exercice plus libre, simplement soutenu par quelques notes. Les deux techniques avaient leurs avantages et leurs inconvénients. N'ayant jamais plaidé sur la base d'un texte intégralement écrit à l'avance, je craignais d'en être prisonnier devant la cour. J'étais inquiet à l'idée que mon expression manque de fluidité et de ne pas parvenir à trouver le ton juste. Une prise de notes, composée de quelques idées-forces et d'un plan structuré, offrait l'avantage de m'accorder plus de liberté. L'écrit avait cependant l'intérêt d'éviter de prononcer le mot de trop. Dans un dossier aussi sensible, peut-être valait-il mieux faire preuve de prudence…

J'optai finalement pour un compromis alliant des parties entièrement rédigées et d'autres au cours desquelles je plaiderais plus librement, à partir de quelques notes manuscrites. De manière générale, je souhaitais rester synthétique, en conservant un style sobre, tout en martelant quelques *punchlines* sur des points essentiels.

Sur le fond, j'avais trois messages prioritaires à faire passer à la cour. D'abord, défendre le travail des juges d'instruction face aux tentatives visant à fragiliser le dossier. Ensuite, établir le caractère manifeste du mobile sexuel de l'enlèvement de Maëlys. Enfin, revenir sur le préjudice exceptionnel que cette famille, et notamment Jennifer, avait enduré. Je souhaitais m'en tenir à ces trois grandes idées pour qu'elles puissent être retenues par les jurés au moment de leur délibéré. Eux qui allaient devoir écouter pendant des heures les avocats des parties civiles, de la défense et l'avocat général, seraient sûrement épuisés, après trois semaines d'audience. Mieux valait donc les épargner, en leur livrant un discours clair et structuré autour de quelques axes forts. Dans une affaire aussi dramatique, il y avait beaucoup de choses à dire. Mais pour emporter la conviction des jurés, il fallait nécessairement faire des choix.

Je préparai ma plaidoirie plusieurs semaines avant l'audience. Je rédigeai mon entame dédiée à Colleen et la dernière partie consacrée aux souffrances endurées par Jennifer. Je conservai des espaces vierges pour réagir aux débats et intégrer des idées de dernière minute. La veille du jour J, l'ensemble de mon dossier de plaidoirie était finalisé.

Je me livrai également à l'exercice, totalement inédit, d'une répétition devant mes collaborateurs. Dans une salle que nous avions réservée au premier étage de notre hôtel, j'entrepris de lire à voix haute ma plaidoirie, devant Armel et Alicia. L'idée d'un tel « filage » ne m'enchantait pas vraiment… Je savais pertinemment que l'exercice, effectué à froid, sans robe et assis, loin des conditions qu'offre une salle d'audience, n'allait pas être révélateur de ce que pourrait être le souffle de ma plaidoirie le moment venu. Et, à quelques heures de l'échéance, mieux valait engranger de la confiance et des énergies positives plutôt que des remarques, fussent-elles bienveillantes. Surtout, une bonne plaidoirie suppose une spontanéité que je risquais de perdre à force d'apprendre mon texte. L'exercice permettait néanmoins de renforcer ma mémorisation, non pas pour restituer mécaniquement mon texte mais, au contraire, pour m'en libérer devant la cour.

Cette plaidoirie constituait l'aboutissement d'un long chemin, l'épilogue de quatre ans de procédure et certainement un des sommets de ma carrière. Elle avait vocation à résonner dans la salle et au-delà. Elle s'adressait à la cour, à mes clients et, à travers les nombreux médias présents, à la France entière. Assurément, l'adrénaline montait à mesure que l'échéance approchait.

*

Mercredi 16 février, 17 heures. Madame la présidente s'adresse à moi, le regard empreint de solennité.

— Maître Rajon, vous avez la parole.

Je me lève. Silence absolu dans la salle. Pas pesant, mais respectueux. Les jurés sont concentrés, attentifs, et semblent impatients à l'idée que je leur livre mes développements. L'angoisse d'avant l'audience disparaît à cet instant précis où l'on me donne la parole. Je suis convaincu de disposer d'arguments puissants et étayés. J'ai tout le temps nécessaire pour en tirer la quintessence.

Je prononce mes premières phrases sur un ton sobre. Mon propos sera long et je souhaite préserver mes interlocuteurs en évitant de monter dans les graves dès les premiers instants. Je démarre *mezza voce* et impose un rythme tranquille pour me ménager la capacité de frapper fort, plus tard, lorsqu'il s'agira de marteler mes arguments les plus décisifs.

Comme prévu, j'adresse mes premiers mots à Colleen, la sœur de Maëlys :

— Colleen, te voilà au seuil d'une vie d'adulte, d'une vie de femme. Ta sœur a été emportée, ta famille saccagée, ton innocence souillée et tu as basculé à la sortie de l'enfance dans le monde des adultes parfois cruel, violent et injuste. Mais Colleen, sache que l'avenir t'appartient. Tu l'as appris à tes dépens, à seulement douze ans. Il est si simple de détruire. Il est difficile, à l'inverse, de construire sa vie dignement. Colleen, tu vas devoir trouver la force de te relever, la force de mener ta vie de femme, la force de croire en ton avenir, la force aussi, et ce sera peut-être ton défi le plus délicat à relever, la force d'avoir confiance dans le genre humain.

L'émotion autour de moi est palpable. Assurément, cette introduction, très intimiste, m'a permis de capter l'attention de la salle. L'assistance paraît comme suspendue à mes paroles. La voie est maintenant libre pour abattre mes cartes sur le fond du dossier.

En entamant cette partie de ma plaidoirie, j'ai à l'esprit de tenter de saper chacun des arguments dont je pressens qu'ils seront exploités par la défense de Nordahl Lelandais. Je cherche à anticiper, en les démontant un à un, les axes susceptibles d'être empruntés par les conseils de l'accusé.

J'imagine que la médiatisation de l'affaire va être exploitée pour discréditer le travail des enquêteurs. La défense va très certainement s'engouffrer dans cette brèche, tentant d'avancer que les fuites auraient nui au déroulement des investigations. Or, dans la réalité, les investigations ont été conduites par trois juges d'instruction qui n'ont dévié à aucun moment de leur mission.

J'explique donc aux jurés la réalité de la procédure, je leur détaille toutes les garanties offertes par les textes et les possibilités de recours accordées aux parties. Je veille à ce que cette démonstration demeure compréhensible pour les jurés. Je démontre en quoi l'instruction du dossier a été irréprochable. Je cite en particulier la collégialité, cette possibilité offerte aux juges d'instruction de travailler à plusieurs sur un même dossier et ainsi de partager leurs ressentis.

J'insiste sur le nombre réduit d'appels, de demandes d'actes et de requêtes en nullité formés par la défense, preuve, selon moi, d'une absence de réelle critique quant à la qualité de cette procédure. Je conclus sur ce point en une phrase que je martèle :

— Dans cette affaire médiatisée à l'extrême, il fallait une instruction irréprochable de la part des juges. Elle l'a été !

Cette question relative à la régularité de la procédure d'instruction évacuée, j'aborde ensuite une autre étape de ma plaidoirie.

J'enchaîne avec le pivot principal de l'affaire : le mobile sexuel de l'enlèvement de Maëlys. J'énumère les éléments accablant l'accusé en matière de pédophilie. Je liste, un à un, pièces à l'appui, l'ensemble des procès-verbaux établissant le visage sombre de Nordahl Lelandais. Le dossier regorge d'éléments qui ne demandent qu'à être mis en exergue et que j'exploite systématiquement. J'assomme l'accusé par l'accumulation de preuves à charge, qui terminent de le dépeindre comme un dangereux pédophile. Au terme de cette longue énumération, je me tourne vers les jurés et les mets devant leurs responsabilités. Ils doivent se prononcer sur la culpabilité mais aussi sur la peine à infliger. L'enjeu est de taille et la perpétuité dans tous les esprits. Je m'adresse à eux sans filtre :

— Mesdames et messieurs les jurés, j'ai une question à vous poser. Elle est franche, un peu rude, je sais, mais je me dois de vous la poser. Ma question est la suivante : quand voulez-vous que Nordahl Lelandais rôde de nouveau autour des boîtes de nuit de Chambéry ? Quand voulez-vous qu'il s'approche de l'école ou du collège de vos enfants ?

Effet *blast* garanti.

Mon propos est de plus en plus fluide. J'en garde « sous le pied » et veille à ne pas me mettre en surrégime. Les mots viennent facilement. Ils semblent toucher les jurés, qui ne me lâchent pas du regard.

Arrivé au milieu de ma plaidoirie, je réserve une surprise à l'accusé. Je suis en effet muni d'une lettre qui m'a été transmise par la famille Noyer, lettre que je m'apprête à rendre publique. Nordahl Lelandais n'a eu de cesse, pendant ces trois semaines d'assises, de qualifier l'affaire Noyer de simple « bagarre qui avait mal tourné ». La famille du caporal était outrée à la lecture des comptes rendus d'audience faisant état des propos du meurtrier de leur fils. Cette lettre, que je lis à voix haute, remet les points sur les « i ». Non, mille fois non, il ne s'agissait pas d'une vulgaire bagarre ! Nordahl Lelandais a été reconnu coupable par la cour d'assises de la Savoie du meurtre du militaire.

J'espère à cet instant être à la hauteur du texte que m'a fait parvenir cette famille tragiquement endeuillée. Les mots des parents d'Arthur Noyer claquent dans la cour d'assises. Ils tonnent comme un sévère recadrage à l'attention de l'accusé :

— À quoi jouez-vous, Nordahl Lelandais ? Vous parlez d'Arthur Noyer dans ce procès comme d'un homme bien, mais vous n'hésitez pas à parler d'une simple altercation, d'une bagarre qui a mal tourné. [...] Non, ce n'était pas une bagarre qui a mal tourné. Vous avez été condamné pour meurtre. Vous êtes un meurtrier. Devant la cour aujourd'hui, vous avez l'ignominie de dire que c'est la faute de l'autre. De votre petite amie qui n'a pas répondu à votre message. Du visage d'Arthur Noyer que vous avez vu en frappant Maëlys. Vous n'avez aucune empathie. Vous n'avez pas changé. Vous êtes un malfaiteur. Un lâche. Vos mensonges finissent par vous étouffer.

Une fois cette lettre lue, vient enfin le dernier moment de ma plaidoirie. Celui consacré au supplice infligé à cette famille et en particulier à la mère de Maëlys. Mon propos touche à sa fin. Je dois y mettre toutes mes forces. L'émotion doit atteindre son paroxysme. Les jurés doivent endurer eux-mêmes, jusque dans leur chair, ce que ma cliente a affronté. Comprendre l'exceptionnelle violence de ce qui lui a été infligé. Mais au préalable, je livre de dernières explications, de nature technique.

Car dire que le préjudice causé à mes clients est d'une rare cruauté est une chose, mais le démontrer de manière documentée en est une autre. Justement, j'entends apporter la preuve de ce que les souffrances infligées, notamment lors de la période allant de la nuit de l'enlèvement de la fillette au jour où son corps fut retrouvé, étaient précisément quantifiables. Je donne lecture des rapports d'expertises évaluant le préjudice de mes clients. Leurs conclusions sont alarmantes : le poste « souffrances endurées » est évalué à plus de 6/7, équivalant au dommage de grands brûlés. Le déficit fonctionnel est chiffré à 75 %, ce qui est stratosphérique pour un dommage psychologique, qui ne dépasse que rarement les 20 %. Cette famille a subi un préjudice d'une violence inouïe. Les pièces que je produis le démontrent de manière incontestable.

J'en viens ensuite à la description des souffrances infligées à la mère de Maëlys. Nous allons revivre ensemble chaque instant, disséquer chaque seconde de cette sinistre soirée du 26 août 2017. L'angoisse, l'effroi et l'épuisement de Jennifer, je ne veux pas simplement les décrire, je veux que les jurés les vivent eux aussi. Que nous nous transportions ensemble depuis la cour d'assises vers cette maudite salle polyvalente.

On dit souvent, à juste titre, que la mort d'un enfant est vécue comme un « arrachement » par les parents. Je veux que les jurés comprennent le sens de ce mot, qu'ils sachent ce qui s'est joué dans le corps de ma cliente. Qu'eux-mêmes le ressentent dans leur for intérieur. Je quitte le banc des parties civiles. Je m'approche de la barre, pour me positionner debout face à eux.

J'entame à cet instant la phase la plus intense de ma plaidoirie. Elle comprend deux moments distincts, l'un consacré à l'arrivée au mariage, l'autre aux heures puis aux semaines de cauchemar qui suivirent la disparition de Maëlys. Deux parties en miroir, au cours desquelles je dissèque les impressions, sentiments et perceptions d'avant et d'après la disparition de la fillette. La douceur, la légèreté et la joie de la première partie contrastent avec l'effroi, la noirceur et le désespoir de la seconde.

Je lève les yeux vers les jurés. Je les invite dans ce monde qui s'écroule. En quelques mots, je les prends par la main. Je leur ouvre les portes de l'univers de la mère de Maëlys. Je m'adresse à eux d'une voix douce. Je dois les convaincre de me suivre :

— Je voudrais que nous fassions ensemble une pause durant ce moment si important des plaidoiries. Je voudrais plus particulièrement m'adresser à vous, les jurés. Vous qui n'êtes pas des magistrats professionnels. Vous qui siégez pour la première et sûrement pour la dernière fois dans une cour d'assises. Vous qui, je l'espère, ne serez jamais confrontés à un tel crime. Je vous demande à vous, jurés, pourquoi pas en fermant les yeux, de vous mettre, l'espace de quelques minutes, à la place de la mère de Maëlys quand tout a basculé.

Mes premières phrases les entraînent. Je les sens prêts pour ce voyage vers l'enfer. Derrière moi, la salle est comme captivée. Elle va revivre ces instants d'une vie qui bascule.

Je commence mon voyage dans le temps et dans l'espace :

— Imaginez que vous allez rejoindre le mariage d'un membre de votre famille, un samedi de fin d'été. Vous êtes en route, avec votre conjoint Joachim et vos deux filles, les vitres de la voiture sont ouvertes, la musique résonne dans l'habitacle. Vous revenez de quinze jours de vacances, en famille, sous le soleil du Portugal. Vous êtes sereine et détendue. Vous êtes encore imprégnée par l'air iodé de l'océan, votre teint est hâlé. Vous voulez prolonger l'été et faire durer le rythme lent et apaisé des vacances, malgré la rentrée qui arrive dans quelques jours.

Chaque phrase prononcée est un pas de plus dans le monde de ma cliente. Dans la salle, nous sommes avec elle. Dans sa peau lors de son arrivée au mariage, nous ressentons les mêmes émotions :

— Imaginez la joie de retrouver votre famille et vos amis à l'occasion de ce mariage. Après la route, vous arrivez à la célébration. Vous adressez vos félicitations aux jeunes mariés, qui ont la vie devant eux et qui ont tant de choses à partager. Leur amour l'un pour l'autre est une évidence, leur bonheur enivre l'assemblée. Les mariés, Anne-Laure et Eddy, sont solaires, radieux. Leur amour est rayonnant. Vous le sentez, tout le monde le sent et vous vous enivrez de cette énergie. L'amour est là, concret et évident. On vous l'a répété pendant votre enfance et c'est tellement vrai : ces moments de partage sont si précieux. Ces moments, il faut savoir les apprécier à leur juste mesure. Alors vous le faites, pleinement. Vous profitez de chaque instant, de chaque sourire. Vous êtes heureuse. Heureuse d'être une mère. Heureuse de tout ce que vous apporte la vie. Heureuse d'être là, tout simplement.

Je décris ces moments, le sourire aux lèvres. Avec joie, car c'est un fait que ce mariage respirait le bonheur, avant que Nordahl Lelandais ne vienne le saccager. J'insiste, par le ton employé, sur la douceur et la plénitude qui se dégagent de cet environnement.

Toute l'assemblée célèbre désormais avec nous ce mariage. Nous ne sommes plus à Grenoble, dans une salle d'audience, mais dans cette salle des fêtes décorée pour l'occasion.

J'essaie de restituer le plus fidèlement possible les impressions dont m'avait fait part Jennifer, mais aussi Séverine sa sœur, avec qui j'ai beaucoup échangé sur cette soirée. Je veux que les jurés accèdent aux détails de ces moments, pour se les approprier.

— Vous retrouvez vos proches, les discussions sont simples et naturelles, vous prenez de leurs nouvelles. Vous donnez, en retour, des nouvelles de vos deux filles. Colleen bientôt adolescente, Maëlys, qui va changer d'école dans quelques jours. Elle a hâte de faire la connaissance de ses nouveaux camarades. Elle a hâte de tourner enfin la page d'une année scolaire difficile, qui vous avait inquiétée. Vous espérez la savoir heureuse dans sa nouvelle école. On vous parle de votre travail. Ça va… Mais ce soir, n'y pensons pas trop… Cet été de 2017 vit ses dernières heures. Vous voulez continuer à vous bercer de la lumière de cette fin du mois d'août, continuer à prendre le temps. Encore un peu de soleil, encore un peu de douceur, avant la réalité de septembre. Il sera bien temps, dans quelques jours, de revenir à la vie quotidienne, de retourner à votre métier d'infirmière et à la routine de l'hôpital.

J'approche petit à petit vers le précipice. Chaque mot que je prononce nous conduit inexorablement vers ce moment hélas connu de tous : la disparition de Maëlys. Nous sommes encore dans l'insouciance d'un moment de partage. Je livre, tel un répit, les derniers moments de bonheur de ma cliente. L'échéance, inéluctable, arrive malgré la douceur et la paix qui nous bercent encore pendant quelques si précieuses secondes :

— Les blagues un peu lourdes des uns, les discussions plus sérieuses des autres, l'air pénétré et convaincu, c'est ça aussi un mariage. On se retrouve et on met en pause le quotidien. Un mariage, c'est l'occasion de se rendre compte que les enfants grandissent, que les parents prennent de l'âge, et, au fond, de mettre sa vie en perspective.

Je nous replace dans la salle des fêtes, comme pour mieux situer le lieu du drame. Mon ton se fait plus précis, plus chirurgical. Ma voix devient grave et mon regard plus lourd :

— Vous êtes maintenant assise, à table, pendant le dîner, à quelques pas des mariés et de leurs témoins. Vous tournez la tête. Vos filles sont joyeuses. Vous vous dites qu'il sera bien temps lundi de reprendre la vie que vous aviez laissée avant les vacances. Votre petite Maëlys s'amuse, elle danse, elle joue à quelques mètres de vous. Vous reconnaissez ses éclats de rire, vous les discerneriez entre mille. Ces éclats de rire de votre petite Maëlys, à chaque fois que vous les entendez, c'est la même sensation qui vous envahit : le son de sa voix vous booste, son énergie vous envahit et vous donne tant de force pour affronter la vie. Vous ne pouvez pas l'imaginer, aucun autre des invités non plus d'ailleurs, mais votre fille court un danger mortel.

J'enchaîne, élevant la voix, d'un ton saccadé et métallique. Nous y sommes. L'affaire Maëlys débute à cet instant précis. Le pire arrive :

— Un regard noir et malsain est posé sur elle. Quelqu'un, dont le cerveau déborde d'images pédophiles. Quelqu'un qui s'est intéressé à une fillette de quatre ans à peine quelques heures auparavant. Quelqu'un qui a tué un homme il y a tout juste cinq mois. Quelqu'un qui a abusé deux innocentes fillettes âgées de six et quatre ans, il y a quelques semaines à peine. Quelqu'un la regarde. Il est là, tout près d'elle… Il va faire de votre fille sa chose. À cet instant précis, Maëlys s'approche de votre table, s'assied sur vos genoux. Vous lui proposez de prendre un peu de dessert, avant de songer à rentrer à la maison, car il est tard. Votre fille repart jouer. Vous ne le savez pas, mais vous ne la reverrez plus jamais.

Dans la salle d'audience, tout le monde a parfaitement compris que nous allons maintenant basculer dans l'horreur. Que la précision avec laquelle j'ai relaté les moments heureux du mariage va dorénavant être employée pour plonger, tous ensemble, dans les abîmes. Je ne fais pas semblant d'être ému. Ma gorge se noue et je dois respirer profondément avant de livrer mes prochaines salves. L'effet lacrymogène est total. Toute la salle est bouleversée. J'ose à peine regarder cette jurée située sur ma gauche, à côté de la présidente. Elle réprime ses larmes et semble prête à exploser sous le poids de l'émotion, toujours plus lourd. Je préfère regarder mes notes. Je reprends mes esprits et me lance :

— On vous invite à danser sur votre chanson préférée. C'est aussi celle de votre petite Maëlys. Arrivée sur la piste, vous êtes un peu étonnée de ne pas la trouver en train de danser. Une première inquiétude pointe, légère, mais en quelques secondes, elle commence à se faire sentir. Vous prenez le temps de scruter la piste et de dévisager toutes les personnes qui dansent ; cette fois, c'est certain, elle n'est pas sur la piste. Par réflexe, vous jetez maintenant un œil à votre table et vous portez votre regard sur celle des autres invités. Elle n'y est pas non plus. Vous vous tournez vers votre conjoint, une angoisse sourde se diffuse à présent dans votre corps. Vous lâchez, incrédule et presque par réflexe, ces quelques mots : « Mais elle est où, Maëlys ? »

Nous marchons crescendo vers l'enfer. Je décris la suite du drame en accélérant le rythme :

— La suite, vous la connaissez : la musique brusquement coupée, la fête qui tourne au cauchemar, l'appel du DJ au micro, une fois, deux fois. Aucune réponse. Les choses s'accélèrent, votre pouls s'emballe. Vous cherchez votre fille avec la dernière énergie : cuisine, placards, bacs à ordures, parking, toilettes, vous cherchez partout. Vous vous jetez sous les tables, vous soulevez les nappes et vous renversez les couverts. Désormais, la salle de mariage ressemble à une véritable scène de chaos. […] Autour de vous c'est la panique totale, on cherche partout, on force les portes, on court, on tente l'impossible. Vous respirez à peine, votre cœur bat à mille à l'heure.

Je veille à dépeindre précisément, presque cliniquement, l'état de ma cliente. Je veux que les jurés eux aussi sentent leur corps défaillir, l'angoisse les paralyser :

— Vous êtes maintenant envahie par une sorte d'effroi, une impression étrange et presque animale, qui monte à mesure que le temps passe.

À plusieurs reprises, Jennifer m'avait confié qu'au cours des événements, elle s'était surprise à ressentir des impressions jusque-là totalement inconnues. Elle avait même pris le temps, l'espace de quelques secondes, de tenter de les analyser, tant elle était surprise par leur violence. J'entreprends de décrire ces quelques moments de prise de conscience, qui ressemblaient à des pas de côté. Nous étions alors au cœur du drame :

— Malgré la panique, vous prenez quelques secondes pour vous demander quel est cet état que vous n'aviez jamais connu auparavant. Est-ce de la peur ? De l'angoisse ? Est-ce de la sidération ? Non, vous sentez au fond de vous que c'est beaucoup plus grave… C'est de la terreur ! Oui, c'est bel et bien de la terreur que vous ressentez ! En réalité, vous l'avez parfaitement compris, c'est une question de vie ou de mort. Vous hurlez son nom, mais elle ne répond pas. « Mais elle est où, Maëlys ? »

« Mais elle est où, Maëlys ? » Cette question revient en boucle. Elle conclut chaque séquence qui nous rapproche de l'épilogue. J'aborde ensuite l'arrivée des gendarmes et le sentiment d'inutilité qui envahit ma cliente, désormais passive devant le drame qui se noue.

— Les gendarmes arrivent enfin. En entrant dans la salle, ils vous demandent sèchement de vous asseoir, de ne pas quitter la salle. Ils sont de plus en plus nombreux. Leur présence vous plombe littéralement, elle vous assomme. Vous comprenez à leur regard qu'ils sont inquiets. À mesure qu'ils prennent possession des lieux, la panique laisse désormais place à une étrange atmosphère, plus calme, plus lourde, qui vous coupe les jambes.

Je raconte ensuite le poids que m'a décrit à plusieurs reprises Jennifer, et qu'elle a ressenti pendant les six longs mois au cours desquels Maëlys est restée introuvable. Un poids dont elle n'a été libérée que lorsque le corps de sa fille fut retrouvé :

— Votre estomac se noue, un poids lourd vous plie en deux et vous consume de l'intérieur. C'est tout votre corps qui se tord, qui se voûte et qui se recroqueville. Ce poids dans le ventre va vous lester durant six longs mois et jusqu'à un certain 14 février 2018. Vous êtes comme anesthésiée. Incapable de bouger. Autour de vous, c'est le vide. Ce vide, il est abyssal. Ce vide, il est vertigineux. Ce vide, il vous terrifie. « Mais elle est où, Maëlys ? »

Nous jetons ensemble un regard sur la salle des fêtes dévastée. Nous sommes loin, si loin de l'ambiance qui régnait il y a quelques heures à peine, quand le mariage battait son plein. Ma voix se fait à présent désespérée :

— Dans la salle des fêtes, le temps s'est figé au moment de sa disparition. La salle est vide. La table du DJ est restée allumée, le dîner n'a pas été desservi, la piste est jonchée d'objets abandonnés dans la panique, les tables et les chaises sont renversées. Rien n'a bougé. Personne n'a le cœur à tout remettre en place. À quoi bon d'ailleurs ? À l'extérieur, le dispositif déployé est impressionnant : les ordres des gendarmes donnés au talkie-walkie, les sonneries de portables, les gyrophares et sirènes, les aboiements des chiens de la brigade cynophile, le bruit assourdissant du rotor de l'hélicoptère qui survole la zone, le son strident et aigu du drone qui vous toise. Les véhicules et les uniformes bleus sont partout, ils occupent maintenant tout l'espace autour de vous. L'environnement n'a plus rien de la scène de mariage qui se jouait il y a quelques heures à peine : comment imaginer que dans cette salle on célébrait l'amour ? « Mais elle est où, Maëlys ? »

J'aborde ensuite la « prise d'otage » infligée à ma cliente et les six mois au cours desquels Nordahl Lelandais refuse de dire ce qu'il a fait de Maëlys.

— Plongeurs, hélicoptères, maîtres-chiens de la gendarmerie mais aussi des centaines de volontaires cherchent partout votre fille, ratissent toute la région. Vos amis, votre famille, tous vos proches s'épuisent dans les recherches. En vain. Aucune trace de Maëlys. Et pendant ces six mois, l'homme au t-shirt bleu, dans sa cellule de Saint-Quentin-Fallavier, refuse, de son seul fait, de dire où est votre fille. Forcément, vous vous posez la question suivante : est-ce si compliqué de parler ? Quelques mots de sa part suffiraient pourtant pour qu'on la retrouve et que votre cauchemar cesse. Hélas, c'est tout l'inverse qui se produit. Vous allez entamer six mois de prise d'otage, sciemment voulue par celui qui est aujourd'hui assis dans ce box. Six mois de torture où vous êtes à la merci de celui dont vous savez pertinemment qu'il a enlevé votre fille. Six mois durant lesquels son petit plaisir consiste à vous tenir en haleine. Six mois pendant lesquels vous vous consumez à petit feu. Vous êtes rongée par l'angoisse, gavée de caféine et de médicaments, épuisée par la lumière bleue des écrans et le manque de sommeil, droguée par les réseaux sociaux et les chaînes d'information que vous refusez de lâcher. Six mois à la recherche d'une trace de votre enfant, alors qu'il suffirait que l'homme au t-shirt bleu se décide à prononcer quelques mots et qu'il dise où est votre petite Maëlys. Six mois au cours desquels, lorsque vous éclatez en sanglots, il arrive que les larmes ne coulent même plus. Chaque sonnerie de téléphone peut vous apporter un miracle ou, au contraire, vous jeter au visage la terrible nouvelle de sa mort. Six mois pendant lesquels la nuit, quand vous parvenez à dormir quelques heures, vous alternez les rêves les plus doux et les pires cauchemars. « Mais elle est où, Maëlys ? »

Je décide d'aller encore plus loin et de décrire les cauchemars de ma cliente, tant ils disent le supplice qu'elle a enduré. Ils ressemblaient trait pour trait à ceux de la mère d'Arthur Noyer. Je souhaite donc rapprocher le destin de ces deux mères endeuillées par Nordahl Lelandais. Mais pour cela, encore faut-il arriver à réprimer mes émotions, qui commencent à devenir de plus en plus visibles. Je n'ose plus appuyer du regard les jurés. Je sens qu'ils chavirent et qu'ils peuvent m'emporter. Certains sont en larmes, d'autres me regardent avec un air effondré. Je trouve un improbable allié pour me ressaisir en la personne de l'accusé lui-même... Il m'écoute de manière respectueuse, mais totalement indifférente : ses yeux, pourtant rivés sur moi, ne traduisent pas le moindre sentiment. Il est bien le seul dans cette salle à ne pas ressentir grand-chose. Son attitude déconcertante m'est très utile pour poursuivre ma plaidoirie : quand ma gorge se noue, il me suffit de lui adresser un regard pour que toutes mes émotions soient instantanément coupées. J'emploie cette technique, avec succès, pour éviter de perdre mes moyens à plusieurs moments difficiles de ma plaidoirie...

J'aborde les songes de ma cliente :

— Ces cauchemars, la mère de Maëlys en a parlé quand elle est venue témoigner à la barre. Je veux vous en dire quelques mots. C'est d'abord Maëlys, bien vivante, qui s'approche de sa mère l'air triste, qui s'assied sur ses genoux et qui lui confie, avec ses mots d'enfant, qu'un homme lui a fait du mal, qu'elle a été violée. C'est un autre songe où l'accusé l'emmène sur les traces de sa fille dans une forêt et lui désigne l'endroit où il a abandonné son corps tel un déchet. C'est enfin un autre rêve, irréel mais plus doux et tellement plus agréable, qu'elle m'a raconté. L'enlèvement n'a jamais eu lieu, le mariage s'est bien terminé, Maëlys n'a pas croisé le chemin de cet homme. Elle est repartie avec vous, avec son père et sa grande sœur. Pas de meurtre, pas d'enlèvement, pas de viol. Rien de tout cela ne s'est produit, le cauchemar n'a jamais existé et la vie poursuit son cours, paisiblement, logiquement. Mais le réveil est brutal et glauque : quelques secondes après avoir ouvert les yeux, vous comprenez que ce moment de grâce n'était qu'un leurre. Dans votre lit, vous fondez en larmes. « Mais elle est où, Maëlys ? »

J'évoque ensuite les cauchemars que la mère d'Arthur Noyer avait confiés à la cour d'assises de la Savoie, lorsqu'elle était venue témoigner à la barre. C'est un des moments les plus durs de ma plaidoirie. Je sens bien que les jurés et moi sommes tout près de craquer, mais je parviens à poursuivre mon propos, après un rapide coup d'œil à l'accusé qui m'écoute toujours, impassible dans son box :

— Les cauchemars de la mère de Maëlys font écho à ceux d'une autre mère, frappée par la perte d'un enfant. Mme Cécile Noyer a courageusement décrit, en mai 2021, à la barre de la cour d'assises de la Savoie, le rêve qu'elle faisait pendant les huit mois au cours desquels elle fut sans nouvelles de son fils Arthur, dont on retrouvera le crâne fracturé au pied d'une falaise. Voici ce qu'elle a dit devant la cour : « Une nuit, j'ai fait un cauchemar. J'ai rêvé qu'Arthur nous téléphonait. Il me disait : "Maman, viens me sauver, je ne sais pas où je suis, j'ai froid." Je me suis réveillée et j'ai regardé mon téléphone. Je n'avais pas d'appel d'Arthur. »

Je poursuis, trouvant la force de planter mon regard dans les yeux des jurés, pour évoquer ces deux mères frappées par le deuil de leur enfant :

— Deux femmes. Deux destins que rien ne laissait supposer qu'ils allaient se rencontrer un jour. Deux mères qui vont pourtant avoir un point commun : la mort cruellement infligée à leur enfant par Nordahl Lelandais. Deux mères aux cauchemars similaires, au deuil impossible, à la souffrance insondable. « Mais elle est où, Maëlys ? »

L'épilogue de mon propos consacré aux souffrances de ma cliente approche. À plusieurs reprises, mes clients m'ont confié qu'au moment de la remise du cercueil, précédant les funérailles de leur fille, ils en étaient arrivés à douter que le corps de leur petite Maëlys puisse réellement s'y trouver. Cette scène marquait pour moi le point ultime du désespoir. Je termine mon propos par ces confidences bouleversantes :

— Viendront enfin le temps des funérailles et le moment déchirant où l'on vous remettra les quelques restes de la dépouille de votre fille. Dans la chambre funéraire, un petit cercueil blanc vous est présenté. Vous êtes assise devant cette sorte de boîte. Cette fois-ci, tout est fini. La tempête vous a emportée. Le pire est arrivé. Vous fermez les yeux. Et vous vous demandez si c'est bien votre fille qui repose à l'intérieur de ce petit cercueil blanc.

Je relève la tête pour adresser mes derniers mots aux jurés. Je contemple le spectacle d'une salle d'audience dévastée par l'émotion.

Dans ce champ de ruines demeure Nordahl Lelandais, sorte d'intrus, insensible à tout ce qui se joue dans la salle à cet instant. Je me tourne vers l'accusé et assène une dernière salve. J'ai été, comme d'autres, agacé, sinon heurté par l'expression « donner la mort » qu'il jugeait opportun d'employer au sujet de Maëlys et d'Arthur Noyer :

— Nordahl Lelandais, vous n'avez pas donné la mort à Maëlys. J'abhorre cette expression niaise et mielleuse que vous employez. Je rejette cet euphémisme indécent. Vous l'avez arrachée à la vie ! Mettez-vous ça dans la tête !

Je m'approche maintenant tout près des jurés. Je brandis le petit agenda de Maëlys que m'avait confié sa maman pendant une de mes visites du vendredi après-midi. Il ne comporte que des pages désespérément vides. Je les tourne une à une, puis livre une pensée :

— La mort prend ici un visage très concret. Maëlys avait tant de pages à écrire sur ce petit agenda.

J'achève ma plaidoirie par une ultime adresse à l'attention de la cour et des jurés :

— Madame la présidente, madame, messieurs de la cour, le moment est venu de rendre votre décision. Mes clients vous font confiance. Ils ne sont pas dans la haine. Ils aspirent simplement à être replacés dans un horizon d'humanité. Par votre décision, vous jugerez sans esprit de vengeance, mais sans naïveté. Par votre décision, vous jugerez que dans un état de droit, la justice n'est pas faible. Par votre décision, vous aurez à cœur de protéger notre société. Par votre décision, vous direz que vous avez compris qui est Nordahl Lelandais.

C'est fini. J'ai plaidé pendant plus d'une heure et quarante minutes. Je suis vidé, épuisé. J'ai tout donné. Sortant de la salle, je suis entouré de mes clients, qui paraissent comme assommés. En larmes, ils me remercient. Je reçois de Jennifer un « Vous êtes un grand homme ! » qui me bouleverse. Je ne sais quoi lui répondre.

*

Vendredi 18 février 2022, 15 h 30. Le temps est radieux et les températures douces annoncent déjà le printemps.

Le délibéré tarde un peu à arriver, mais je ne suis pas vraiment inquiet, plutôt détendu et serein.

Nous patientons à la terrasse d'un café situé à deux pas du palais. Je profite du soleil et bavarde avec la famille et les amis de Jennifer venus la soutenir. Sur cette terrasse aux faux airs de solarium, je reprends des couleurs, après avoir été enfermé pendant trois semaines dans ce palais de verre et d'acier qui nous toise. Les sourires et les regards complices de l'assemblée m'enjouent.

L'heure est pourtant grave : dans quelques minutes, celui qui a supplicié Maëlys sera condamné. Mon portable sonne, je décroche. C'est l'huissier. La cour et les jurés vont rendre leur verdict.

Je me penche vers Jennifer, pose ma main sur son épaule. Elle se retourne. D'un simple regard, elle comprend que nous sommes attendus.

Deuxième partie

Une certaine idée de la défense

12

Nice : des familles face à l'horreur

Vendredi 25 mars 2022. Je planche au cabinet sur un dossier de réparation du dommage corporel pour une victime d'un grave accident de la circulation. Ma cliente, aveugle de naissance et âgée d'une soixantaine d'années, a été violemment happée par un bus dont le conducteur avait perdu le contrôle, alors qu'elle se promenait en ville, canne blanche en main. Sur le plan pénal, le conducteur a été reconnu coupable du délit de blessures involontaires, mais la réparation du dommage corporel se révèle beaucoup plus délicate à appréhender. Les pourparlers relatifs à son indemnisation patinent. Sur des sujets aussi épineux que l'aménagement de son domicile, son assistance par une tierce personne dans ses actes de la vie courante, ou que les souffrances endurées, les discussions se font pied à pied avec la compagnie d'assurances du chauffeur du bus. Mes interlocuteurs n'entendent pas s'aligner sur mes demandes et contestent de nombreux postes de préjudice. En cas d'échec de la négociation, je n'aurai d'autre choix que de saisir le tribunal pour obtenir l'indemnisation due à ma cliente, car l'enjeu financier est très important.

Depuis plus de dix ans, je m'intéresse de près à la réparation du dommage corporel des victimes. La matière, située au carrefour du droit et de la médecine légale, est passionnante. Très technique, cette branche du droit s'inscrit dans le sens de l'Histoire, un peu à la manière du droit du travail dans les années 1990. Les postes de préjudice indemnisables sont de plus en plus nombreux, les juges allouent des sommes parfois importantes aux victimes et l'opinion publique pousse le législateur à aller plus loin dans ce domaine. La France, encore éloignée des montants accordés outre-Atlantique, a incontestablement étoffé son dispositif d'indemnisation, qu'il s'agisse d'accidents de la circulation, du travail, d'infractions pénales de droit commun ou encore d'actes de terrorisme.

En fin d'après-midi, Armel entre dans mon bureau. Ses affaires sont prêtes pour un déplacement important. Je referme mon dossier et éteins mon MacBook. Ma voiture garée devant le cabinet est prête à partir pour Nice, où nous attendent le lendemain les membres d'une association de victimes de l'attentat du 14 juillet 2016. Depuis ces tragiques événements qui ont frappé la cité azuréenne, mon cabinet défend plusieurs familles de victimes de l'attentat. Un de mes clients, dirigeant de cette influente association, souhaite, à l'approche du procès consacré à l'affaire, que je prenne en charge la défense de ses membres.

J'ai accepté sans hésiter. D'abord parce que, comme de nombreux Français, j'ai été horrifié par cet attentat, l'un des plus meurtriers en Europe, qui de surcroît faucha de nombreux enfants. C'est en famille que les estivants s'étaient rendus sur la promenade des Anglais pour la fête nationale. Ensuite, parce que j'intervenais déjà dans ce dossier pour plusieurs familles de victimes. J'avais acquis quelques automatismes dans cette affaire, j'en maîtrisais la procédure, connaissais ses acteurs. Enfin, parce que la défense d'une telle association ouvrait des perspectives plus larges et plus intéressantes que celle de quelques victimes de l'attentat. Forts de cette structure associative, nous allions pouvoir influer sur les débats, dans et en dehors de la cour d'assises, notamment sur la question sensible de l'organisation de l'événement et de ses failles de sécurité, dans un contexte de grave menace terroriste à l'époque.

Sur la route pour Nice, j'adresse un SMS à Colleen, la sœur de Maëlys. Je n'avais pas pris de ses nouvelles depuis plus d'un mois. Nous nous étions quittés le soir du verdict, après avoir partagé verres et anecdotes avec le clan qui soutenait sa famille. Dans le bar attenant au palais de justice, l'heure était au soulagement, après la condamnation à perpétuité de Nordahl Lelandais. L'épreuve des assises était enfin derrière nous. La salle résonnait des éclats de rire de sa cousine, en réponse aux imitations et blagues d'Armel. Nous relâchions tous un peu la pression. Alors qu'Armel est au volant, sur l'autoroute du Sud, je pense à cette jeune adolescente que j'ai prise sous mon aile pendant le procès. Je songe qu'il va lui falloir être courageuse pour reprendre le dessus sur toutes les épreuves qu'elle a endurées. Elle y parviendra, j'en suis certain.

Un peu plus d'un mois après la fin de l'affaire Maëlys, me voilà de nouveau au cœur d'un dossier sensible et médiatique, dans la droite ligne de ce que j'aime : la défense des victimes. La cohérence est parfaite avec les compétences que j'ai acquises depuis le début de mon parcours. Il n'en demeure pas moins que la perspective de devoir consacrer plusieurs mois à ce seul dossier m'inquiète un peu.

Il est hors de question de refuser un tel dossier. Ne serait-ce que compte tenu de la confiance que m'accorde mon client, que j'accompagne depuis plusieurs années déjà. Il est devenu l'un des responsables de l'association et c'est lui qui m'a proposé d'entrer dans le dossier. J'avoue cependant qu'après les trois semaines d'audience de l'affaire Maëlys, j'étais impatient de retrouver mon cabinet, mes dossiers et mon équipe, ne serait-ce que pour travailler de manière plus sereine. Le mode de vie des pénalistes qui parcourent la France pour plaider devant toutes les cours d'assises, allant d'hôtels de province en brasseries, munis de leur robe et de leur valise à roulettes, ne me correspond guère. Mon cabinet, c'est ma base de repli, mon repère, et je n'aime pas m'en éloigner trop longtemps. Je veux bien plaider un ou deux dossiers par semaine à l'extérieur, mais cette vie de pénaliste itinérant, si bien décrite par Éric Dupond-Moretti dans son excellent *Bête noire*, n'est pas vraiment faite pour moi. Mes états d'âme mis de côté, j'ai hâte de retrouver mon client. Je suis également impatient de rencontrer les membres de l'association, ainsi que la trentaine de personnes qui ont annoncé leur venue.

*

Armel et moi arrivons à pied, depuis le port de Nice où j'ai garé ma voiture, et nous rejoignons le lieu de la réunion. Derrière un manège où s'amusent parents et enfants, en ce samedi matin frais et ensoleillé, je distingue les portes ouvertes de la salle, puis reconnais la silhouette svelte de mon client. Son accueil est très chaleureux et souriant. L'homme me remercie d'avoir fait le déplacement et je lui sais gré à mon tour de nous avoir invités. En vérité, je crois que je l'ai toujours vu avec le sourire. Lui qui a perdu son épouse lors de l'attentat semble animé d'un optimisme et d'une énergie inépuisables. Entrepreneur de talent, multipliant les déplacements et responsabilités, tant professionnelles qu'associatives, il m'épate aussi par sa simplicité et par sa bienveillance.

Incontestablement, j'ai un excellent feeling avec cet homme attachant. Je pousse la réflexion et me dis que le métier d'avocat est suffisamment exigeant pour ne pas avoir à supporter des clients avec lesquels le courant ne passe pas. Après quasiment quinze ans de barre, j'ai la chance de pouvoir choisir mes affaires. Je refuse de prendre en charge la défense de clients avec lesquels je n'ai pas un minimum d'affinités.

Dans la salle nous attendent deux confrères parisiens. Eux aussi ont été choisis pour défendre les intérêts de l'association. Nous serons donc trois cabinets à la représenter, constituant un pool d'avocats dans la perspective des assises. Je n'ai aucune réticence à travailler avec ces deux confrères, bien au contraire. Rompus aux dossiers pénaux à forts enjeux, Yassine Bouzrou et Virginie Le Roy comptent parmi la génération montante des pénalistes parisiens. J'ai hâte de faire leur connaissance. J'avoue avoir été parfois méfiant dans mes premiers rapports avec mes confrères, tout spécialement s'agissant de dossiers médiatiques. Dans ce type d'affaires, on ne se fait généralement pas de cadeaux… Au cas présent, je sens au contraire que nous pourrons être complémentaires par nos parcours et nos ressentis sur ce dossier. Je suis surtout impatient de parler stratégie et coulisses avec ces deux confrères que je ne connaissais qu'à travers les articles de presse élogieux qui leur ont été consacrés. Nous échangeons quelques sourires, nous présentons mutuellement, puis prenons place à notre table.

La plupart des personnes que j'ai devant moi sont des victimes de l'attentat, directes ou indirectes, présentes ou non à Nice ce soir-là. Ils ont perdu pour l'un une épouse, pour l'autre une mère ou une sœur. Tous me paraissent profondément meurtris. Leurs blessures ne sont plus à vif ; le temps semble avoir fait son œuvre, presque six ans après le drame. Dès les premiers échanges, je comprends néanmoins qu'une partie d'eux-mêmes a été pulvérisée lors de ce tragique 14 juillet 2016.

Nous commençons la réunion par une brève description de nos cabinets et de nos parcours respectifs. Je présente Armel à la salle, puis explique que j'interviens au pénal pour les victimes, tant devant les tribunaux répressifs que dans le cadre des démarches d'indemnisation face au FGTI, le Fonds de garantie des victimes. Je perçois immédiatement, aux réactions de la salle, que le sujet de l'indemnisation est sensible. Nombre de personnes dans l'assistance semblent remontées contre les responsables du fonds. À l'évidence, les sommes proposées par cet organisme et le suivi des dossiers font l'objet de déceptions parmi l'assemblée.

J'explique aussi les démarches que j'ai entreprises pour certaines familles qui m'ont confié leur défense. En particulier, je décris la demande que j'ai formulée il y a quelques années dans le cadre d'un volet particulier de l'affaire. À côté de l'aspect pénal du dossier, qui voit les complices du terroriste être jugés devant la cour d'assises spéciale de Paris, et des démarches d'indemnisation des victimes, l'affaire de l'attentat de Nice recèle un troisième volet, lié aux conditions d'organisation du 14 juillet 2016.

Visiblement, l'assistance est intéressée par le sujet. Certaines victimes semblent peiner à admettre que la mairie de Nice et la préfecture aient pu organiser un tel événement avec un dispositif de sécurité qui semble aussi léger, composé pour l'essentiel de policiers municipaux. Les interrogations fusent dans la salle, notamment quant aux conditions dans lesquelles le terroriste a pu, avec son camion, effectuer des repérages sur la promenade des Anglais, en violation d'un arrêté interdisant tout accès à un véhicule d'un tel tonnage. Le constat est d'autant plus amer que la ville de Nice s'était voulue exemplaire en matière de sécurité, en particulier en termes de vidéoverbalisation, et l'avait d'ailleurs fait savoir *urbi et orbi*. Cette communication politique n'a pas échappé à certaines personnes que j'ai face à moi. La rancœur vis-à-vis de la mairie semble tenace, en particulier à l'égard de Christian Estrosi. À tort ou à raison, il paraît catalyser contre lui de nombreux reproches, tant sur l'organisation du 14 juillet que sur la relation qu'il aurait, semble-t-il, eu du mal à nouer avec les victimes. À plusieurs reprises, des personnes présentes me font part de leur inquiétude de voir le volet « sécurité » de l'affaire étouffé. Au-delà de l'attentat proprement dit, tous attendent des explications de la part des responsables de l'organisation de l'événement. Les assises de Paris, prévues en septembre 2022, constitueront sûrement une occasion de réclamer un procès en bonne et due forme sur ces questions de sécurité. Avec mes confrères, nous rappelons néanmoins que les seuls responsables de cet acte barbare sont le terroriste et ses complices. Tout en tentant de faire preuve de compréhension et de bienveillance devant des gens si violemment éprouvés, je leur fais part de ma conviction profonde.

Au fond, je pense qu'il y a peut-être eu des failles dans l'organisation ce soir-là, mais que ces gens sont victimes d'un acte de terrorisme. La mairie et la préfecture ne sont en rien responsables des atrocités qu'ils ont vécues. D'ailleurs, sur le plan pénal, la discussion n'a pas lieu d'être, puisque la loi ne reconnaît pas de responsabilité pour autrui.

Ces gens demeurent parfaitement lucides. Tous font la part des choses entre, d'une part, l'horreur d'un attentat et, d'autre part, les négligences imputées aux organisateurs de la fête nationale.

Nous évoquons ensuite la préparation des assises à venir. L'audience se déroulera pendant plusieurs mois, loin de Nice, à Paris. Elle suscite de nombreuses questions. D'emblée, nous sommes très prudents au sujet de ce qu'il faut attendre du procès en général et des accusés en particulier. Complices plus ou moins proches du terroriste tué lors de l'attentat, ils prétendront certainement qu'ils ne connaissaient rien de ses intentions. Une telle ligne de défense est assez courante en matière de complicité, mais elle peut se révéler frustrante pour les familles de victimes. J'insiste donc, à plusieurs reprises, en mettant en garde la salle contre tout faux espoir. Nous aurons sûrement affaire à des accusés d'une banalité déconcertante. Il nous reviendra, à nous parties civiles comme au parquet, de démontrer leur connaissance du projet du terroriste.

Les conditions pratiques du procès sont également au cœur des interrogations : salles de repos, suivi psychologique, relations avec les médias, taille (immense) de la salle d'audience, retransmission vidéo du procès à Nice, dans une salle spécifique. Nous balayons de multiples sujets avec le précieux concours de Virginie Le Roy, qui défend plusieurs familles de victimes des attentats de Paris. Son regard et son expérience se révèlent indispensables et rassurent les personnes présentes. Les familles auront la possibilité de disposer de bracelets de couleur durant tout le temps des assises. Rouge pour celles qui ne souhaitent pas répondre aux médias, vert pour les personnes disposées à s'exprimer. Le procédé a déjà été mis en place avec succès dans le cadre du procès « V13 » à Paris, et de l'affaire Maëlys. S'il venait à l'esprit d'un journaliste d'importuner une victime dotée d'un bracelet rouge, il verrait son accréditation retirée et serait contraint de quitter l'audience sur-le-champ.

La perspective de leur témoignage devant la cour semble inquiéter les personnes qui assistent à la réunion. Elles n'ont pour la plupart jamais été confrontées à la justice et imaginent ce moment comme une sorte d'examen au cours duquel elles seront évaluées. Nous nous efforçons de les rassurer. Témoigner à la barre d'une cour d'assises n'est pas obligatoire et nous serons présents à leurs côtés pendant leur témoignage.

Nous pourrons les préparer et je leur précise qu'elles disposeront d'une vraie liberté de parole. Elles pourront évoquer le souvenir de l'être cher tragiquement disparu, revenir sur le déroulement des faits, parler de leurs séquelles et de la vie d'après. En somme, elles seront parfaitement libres d'exprimer ce qu'elles auront sur le cœur.

Alors qu'Armel discute au fond de la salle avec un membre de l'association, je parcours les visages de l'assemblée. Il y a beaucoup de femmes, des profils très différents, des gens de toutes nationalités, vraisemblablement de toutes confessions. La plupart vivent à Nice, dont un homme qui paraît plus âgé que le reste de l'assistance. Scandinave, il peine à comprendre tout ce qui se dit dans la salle et il doit affronter ce parcours judiciaire dans une langue et selon des règles de droit qui lui sont étrangères. L'homme aura besoin d'un accompagnement spécifique en anglais, que nous lui proposerons plus tard.

La réunion touche désormais à sa fin.

Divers par leurs parcours, les gens que j'ai eus devant moi pendant plus de deux heures sont liés par un même drame. Ils ont besoin d'être défendus, qu'on réponde à leurs questions et, naturellement, qu'on soit à leurs côtés. Sans pathos inutile, avec bienveillance et détermination.

Six mois après l'affaire Maëlys s'ouvrira le deuxième procès le plus important de l'année judiciaire 2022. Un nouveau défi m'attend. Alors que nous rangeons tables et chaises, puis que nous quittons la salle pour retrouver les rues animées du centre de Nice en ce samedi ensoleillé, je prends conscience que je suis au pied d'une nouvelle montagne à gravir. Je dois être à la hauteur de l'épreuve que ces gens traversent. Être à la hauteur aussi de la confiance qu'ils m'accordent.

13

La justice pour comprendre

Que peuvent bien espérer les familles de victimes dans cette sinistre affaire ? Sur le chemin du retour, je ne peux m'empêcher de me poser cette question. À vrai dire, je peine à trouver des réponses. Je vais devoir défendre mes clients, leur apporter les conseils et l'écoute dont ils ont besoin. Les épauler, aussi. Cette mission, je l'accomplirai de toutes mes forces, avec les autres avocats des parties civiles. Là n'est pas vraiment le problème. Mon inquiétude réside ailleurs. Au fond, je me demande si le procès qui s'annonce sera réellement utile.

Sur l'autoroute qui m'éloigne de la Côte d'Azur, je repense à notre réunion de la veille. Je songe que nous avons été bien inspirés de rester prudents quant à l'intérêt de ces assises pour les familles. Bien sûr, le procès leur permettra de prendre la parole et d'être entendues par la cour. Peut-être par les accusés eux-mêmes. Nul doute que d'un point de vue juridique, le procès se déroulera de manière exemplaire. Les magistrats veilleront au respect des prérogatives offertes à la défense comme aux parties civiles. La justice passera. Des peines seront prononcées. Sauf appel, ces assises mettront un point final à une procédure qui aura duré plus de six ans. Les victimes pourront peut-être envisager de tourner une page et, qui sait, tenter d'entamer une nouvelle vie.

Mais alors que j'enchaîne les kilomètres, je pense à mes confrères intervenant dans le dossier des attentats de Paris, toujours en cours en ce printemps 2022. Certains d'entre eux m'ont fait part de leur ressenti sur ce procès, et ils ne sont pas vraiment tendres. Ils m'ont dit leur déception devant les pesanteurs et le manque de spontanéité d'une audience interminable, d'une durée de neuf mois. Ils m'ont parlé de l'attitude souvent décevante des accusés mais aussi, et c'est plus surprenant, de l'amertume engendrée par certains témoignages, au premier rang desquels ceux des enquêteurs belges, dont le refus de livrer des informations pourtant capitales a suscité l'exaspération. « V13 », comme le monde judiciaire désigne le procès des attentats de Paris, ressemble à une grosse machine qui ronronne. Annoncé comme l'un des grands moments de l'histoire judiciaire française, le procès des attentats de Paris semble sombrer chaque jour un peu plus dans une platitude tout administrative. Et, à cet instant, je crains qu'il en aille de même pour le procès des attentats de Nice.

De retour de cette réunion, une autre préoccupation me vient à l'esprit. Je me demande comment les familles vont parvenir à surmonter l'absence du terroriste à l'audience. Le procès, prévu dès septembre 2022, se tiendra en effet sans son auteur, abattu le soir de l'attentat. Le conducteur du camion fou, un Tunisien de trente et un ans à l'intrigant profil psychologique, a emporté avec lui ses secrets le soir du 14 juillet 2016. Les investigations, pourtant extrêmement poussées, permettront-elles de comprendre les motivations de ce loup solitaire, rapidement radicalisé, dont l'attentat fut revendiqué par Daesh ? Sa place inoccupée dans le box laissera immanquablement les familles de victimes sans réponses à leurs questions. Nous devrons redoubler d'efforts pour tenter de cerner sa personnalité. Il faudra interroger les experts, faire parler ses proches, étudier le contenu de ses ordinateurs, téléphones et effets personnels saisis lors de la perquisition de son domicile, pour essayer, sans garantie de résultat, de savoir qui était cet homme.

Autre écueil auquel la cour sera nécessairement confrontée, et pas des moindres : la dimension religieuse de l'attentat. Parmi les complices du terroriste qui comparaîtront devant la cour d'assises, la plupart sont radicalisés. Dès lors, de nombreuses questions se posent quant à la capacité des juges à appréhender ces individus, dont certaines relèvent de la philosophie et paraissent inextricables. Comment, par exemple, notre justice peut-elle juger des individus qui, précisément, lui récusent ce droit ? Quels effets, notamment en termes de pédagogie et de lutte contre la récidive, un procès peut-il avoir sur des accusés qui ne s'en remettent qu'à la justice divine ? Dans notre affaire, certains d'entre eux encourent de simples peines de principe, compte tenu de leur rôle mineur dans l'attentat. Dès lors, la question de leur retour à la liberté et de la capacité de la justice pénale à éviter la récidive se posera indubitablement.

D'autres questions recouvrent des réalités très concrètes, notamment quant au déroulement de l'audience. *Quid*, par exemple, du droit au silence, reconnu devant toutes les juridictions pénales ? Il n'est pas question d'en discuter le principe. Mais dans ce type de dossier, il est fréquent que les accusés opposent un silence mutique à leurs juges. Certains d'entre eux considèrent que l'audience n'est qu'une vulgaire pièce de théâtre, au point d'aller jusqu'à mépriser le rôle de leurs propres avocats. Devant ce nouveau profil d'accusés, le droit s'est adapté pour mieux prendre en compte la spécificité du terrorisme islamiste. Ainsi, les infractions ont évolué, les peines ont été alourdies, la composition et le fonctionnement de la cour d'assises, dite « spéciale », ont été adaptés. Il n'en demeure pas moins que notre justice est confrontée à un redoutable défi : juger des individus qui s'inscrivent dans une guerre civilisationnelle assumée et qui ne conçoivent pas de peine digne de crédit autre que celle infligée par Dieu. Dans l'attente du procès, les victimes ont de bonnes raisons de craindre que la confrontation entre deux mondes, celui du droit et de la raison d'une part, et celui du fanatisme religieux d'autre part, ne se révèle décevante.

Une autre préoccupation m'accapare pendant le trajet du retour. Pendant la réunion, j'ai noté qu'à plusieurs reprises, les participants attendaient des explications concernant le dispositif de sécurité du 14 juillet 2016. J'ai rapidement compris que ce sujet les intéressait autant que l'attentat en tant que tel. Pourtant, l'objet du procès de septembre 2022 est tout autre. Il s'agit de juger non pas les organisateurs de l'événement, mais les complices du terroriste. De surcroît, l'information judiciaire relative aux conditions de sécurité est toujours en cours. Il n'est d'ailleurs pas certain que d'éventuels responsables – qui ne sont d'ailleurs pas mis en examen et qui sont présumés innocents – soient renvoyés devant un tribunal pour être jugés. En clair, les familles de victimes sont fondées à se demander si toute la lumière sera faite sur les conditions dans lesquelles cet attentat a été commis.

Il y a pourtant matière à s'interroger à ce sujet. Dans les jours qui suivirent le drame, de nombreuses questions se posèrent à propos du contexte de cet attentat. En voici un florilège : comment un camion de 19 tonnes a-t-il pu arriver jusqu'à la promenade des Anglais, où se massaient près de trente mille personnes ? Comment le terroriste a-t-il pu effectuer des repérages avec ce même camion, dans un secteur où les véhicules de plus de 7,5 tonnes n'avaient pas le droit de circuler, et ce sans attirer l'attention de quiconque ?

Très vite, ces interrogations ont tourné à la controverse, mêlant politiques, familles de victimes et représentants de l'État. Jacques Peyrat, ancien maire de Nice, les a posées publiquement, ne cherchant pas à épargner son successeur à la tête de la ville. Quelques jours après le drame, il a directement mis en cause la municipalité niçoise : « Pourquoi le centre de supervision urbain qui gère la vidéosurveillance [...] n'a-t-il pas détecté, identifié et fait contrôler, les 12, 13 et 14 juillet, un camion de 19 tonnes de couleur blanche qui circulait à Nice en dehors des heures de livraison et en violation de l'arrêté municipal ? »

Le nombre de policiers a également suscité de vives critiques. Dénonçant un dispositif de sécurité digne d'une « kermesse de quartier », l'ancien maire affirmait que seulement quarante-deux policiers municipaux étaient mobilisés ce soir-là, alors que plusieurs dizaines de milliers de personnes assistaient aux festivités. Une rumeur circulait selon laquelle les polices nationale et municipale ne disposaient pas d'outils radio communs et ne pouvaient donc pas communiquer en temps réel. Revenaient également des commentaires selon lesquels l'arrivée d'une étape du Tour de France dans les environs aurait accaparé les effectifs de police, au détriment du rassemblement niçois.

Conscient d'être visé par bon nombre d'accusations, Christian Estrosi, alors adjoint au maire de Nice, entreprit de contre-attaquer vigoureusement dans la presse, en mettant en cause la préfecture des Alpes-Maritimes. Il dénonça ouvertement « un mensonge d'État » au sujet du nombre de policiers nationaux présents sur la promenade des Anglais. Il pointa publiquement des « fautes majeures » dans le dispositif déployé par la préfecture. En vérité, l'essentiel des critiques était concentré autour de l'absence de sanctuarisation de la promenade au moyen de chicanes ou de blocs de béton. Selon certains observateurs, il aurait d'ailleurs été établi que la ville de Nice disposait de ces équipements, seuls à même d'éviter l'intrusion de véhicules parmi la foule. Incontestablement, la polémique enflait. La justice devait, tôt ou tard, être saisie.

Deux juges d'instruction furent finalement chargés d'investiguer du chef de mise en danger de la vie d'autrui, puis, quelque temps plus tard, d'homicides et blessures involontaires. Cette ouverture d'une information judiciaire, annoncée dans les médias, faisait suite à une plainte avec constitution de partie civile déposée par mon confrère Yassine Bouzrou. Nous décidâmes de nous joindre à cette initiative, en nous constituant à notre tour partie civile. Notre objectif était de cerner les responsabilités des différentes parties prenantes à l'organisation du 14 juillet et de renforcer le dossier, ne serait-ce que par le nombre de plaignants associés à la démarche. Nous gardions à l'esprit la nécessaire distinction entre les motivations macabres du terroriste et les éventuelles failles dans l'organisation du rassemblement. Je veillais à ce que personne parmi mes clients ne s'abandonne à un quelconque amalgame à ce sujet. Du reste, je fus vite rassuré : la chose paraissait parfaitement claire dans leur esprit.

*

Ma constitution de partie civile nous permit d'avoir rapidement accès à la procédure et d'être tenus informés de l'avancée des investigations. Je me rendis au palais de justice de Nice pour consulter le dossier. Couvert par le secret de l'instruction, dans le cadre d'une affaire qui demeure à ce jour en cours, ledit dossier est strictement confidentiel. Je dois néanmoins avouer que je fus agréablement surpris, comme d'ailleurs certains de mes confrères qui s'en ouvrirent publiquement, par la qualité des investigations menées dans ce volet de l'affaire des attentats de Nice. Assurément, les juges cherchent à savoir s'il y a eu ou non des défaillances, et ils s'en donnent les moyens.

Il était notoire que les deux principaux responsables de la mairie de Nice qu'étaient Philippe Pradal, éphémère maire de la ville, et Christian Estrosi, son premier adjoint d'alors, n'avaient pas encore été entendus par les juges. Plusieurs médias s'en étaient fait l'écho. La chose m'étonnait, d'autant plus que les investigations avaient débuté depuis plusieurs mois déjà. Christian Estrosi avait provisoirement cédé son siège de maire à l'un de ses proches. Nommé pour un temps adjoint au maire, il demeurait investi d'importantes responsabilités. Il était également président de la métropole Nice Côte d'Azur, collectivité partie prenante à l'organisation des festivités. Son audition par un juge me semblait dès lors indispensable, tout comme celle de Philippe Pradal, maire par intérim, qui endossait la responsabilité de l'ensemble des initiatives prises par la municipalité.

J'envisageai donc de déposer une demande d'acte à l'attention du juge d'instruction, pour tenter d'obtenir l'audition de ces deux hauts responsables de la mairie de Nice. Je rédigeai ma demande et la déposai formellement quelques jours plus tard. Mon initiative ne passa pas inaperçue. Les médias ne tardèrent pas à me contacter pour recueillir mes déclarations. Devant les caméras de BFM TV, j'insistai sur le sérieux et la crédibilité de notre démarche. Mon objectif était d'abord de contribuer à la manifestation de la vérité, tout en respectant la présomption d'innocence et en évitant tout amalgame. J'assurai aux journalistes que « nous fais[i]ons la part des choses, nous sav[i]ons que l'acte principal [était] opéré par un terroriste islamiste. Pour autant, nous souhait[i]ons que toute la lumière soit faite sur les conditions d'organisation de ce 14 juillet 2016 ».

Christian Estrosi et Philippe Pradal furent finalement convoqués au palais de justice pour une audition en bonne et due forme, quelque temps plus tard. Ils eurent ainsi l'occasion d'apporter leur version des faits. Rien que de très normal, après tout. En revanche, la date de leur audition chez le juge, pendant un week-end férié de mai, étonnait à tout le moins les observateurs. Elle n'avait visiblement pas été choisie au hasard et témoignait d'une volonté du magistrat, après tout compréhensible, de ménager les deux hommes qui, d'ailleurs, n'étaient pas mis en examen. Cette affaire était susceptible d'être exploitée par leurs adversaires politiques et de nuire à leur réputation. Le juge en avait parfaitement conscience. La presse fit, elle aussi, preuve de retenue en relayant avec sobriété l'interrogatoire des deux édiles niçois. La mairie de Nice diffusa un communiqué laconique, confirmant la convocation des deux élus – dont on rappellera qu'ils sont présumés innocents. Habile et millimétré, le texte indiquait : « Comme ils le souhaitaient, Christian Estrosi et Philippe Pradal ont pu répondre à toutes les questions, permettant ainsi de contribuer à la manifestation de la vérité et d'apporter des réponses aux interrogations légitimes des victimes et de leurs familles. » Pas sûr cependant que cette audition ait réellement enchanté les deux édiles niçois…

De mon côté, je m'abstins de tout commentaire. Je préférai laisser l'instruction se dérouler sereinement, sans réagir dans la presse. Les questions relatives à l'organisation des festivités dans un contexte de menace terroriste avérée étaient légitimes, mais il était hors de question de relancer de vaines polémiques.

J'étais du reste convaincu qu'il ne servait à rien d'entretenir la controverse au sujet de l'organisation du 14 juillet 2016. Que les juges enquêtent était une chose, et nous allions y veiller. Nous souhaitions que les magistrats aillent au terme de leurs investigations, de la manière la plus approfondie qui soit. Mais je ne voulais pas que notre démarche puisse être instrumentalisée par qui que ce soit. Je sentais d'ailleurs les adversaires du tandem Estrosi-Pradal à l'affût de la moindre polémique pour les salir. De plus, il était exclu d'adopter une attitude qui pourrait être interprétée comme relativisant, de près ou de loin, la responsabilité des auteurs de l'attentat.

Au fond, ma conviction était qu'il valait mieux, plutôt que de se perdre en conjectures sur la responsabilité de tel préfet, tel adjoint, maire ou directeur des services techniques de la ville, prendre la réelle mesure de la menace qui pesait sur notre pays. Le terrorisme islamiste avait une nouvelle fois ensanglanté la France. À mes yeux, là, et seulement là, était l'essentiel.

14
La bataille de l'indemnisation

Créé sous l'impulsion de Françoise Rudetzki, blessée lors de l'attentat du restaurant parisien Le Grand Véfour en décembre 1983 et cofondatrice de l'association SOS Attentats, le Fonds de garantie des victimes de terrorisme et autres infractions (FGTI) fut instauré le 9 septembre 1986, dans le cadre de la première loi relative à la lutte contre le terrorisme. Dans un premier temps dédié à l'indemnisation des seuls actes de terrorisme, il fut ensuite étendu aux victimes d'infractions de droit commun. Principalement financé par la communauté des assurés, au moyen d'une contribution de quelques euros prélevée sur les contrats d'assurance, ce fonds indemnise les victimes en lieu et place de l'auteur du dommage. Concrètement, celui qui a subi un dommage corporel n'a pas à se soucier de la solvabilité de l'auteur des faits. Le fonds assurera son indemnisation, dans un cadre transactionnel en cas d'accord amiable, ou devant une juridiction si un désaccord persiste. Car chaque victime est libre d'accepter ou non la somme qui lui est proposée par le Fonds de garantie.

Le règlement se fait quelques jours après la signature de la transaction entre le Fonds et la victime, ou après le jugement fixant le montant de la réparation. Une fois l'indemnisation versée, le Fonds se retourne contre les auteurs et leur réclame les sommes acquittées avec une majoration complémentaire mise à sa charge. Le Fonds assure donc toute la procédure de recouvrement des indemnités allouées à la victime, lui évitant ainsi d'avoir recours à d'interminables démarches à l'encontre des auteurs, généralement pas ou peu solvables. En cas d'infraction de droit commun, la victime doit saisir la Commission d'indemnisation des victimes d'infractions (Civi), mais, en matière de terrorisme, le Fonds prend directement attache avec les personnes dont l'identité lui a été transmise par le parquet. Il règle des avances à valoir sur leur indemnisation définitive et met en place les expertises tendant à l'évaluation de leur dommage corporel.

Lorsque l'état de la victime est stabilisé, l'expert désigné évalue ses préjudices, qu'il s'agisse des conséquences des faits sur la vie professionnelle, familiale ou intime, du préjudice psychologique, de l'incapacité permanente ou provisoire, des souffrances endurées ou encore du préjudice esthétique. Si la victime est blessée, le Fonds prend en charge l'ensemble des dépenses médicales non couvertes par la Sécurité sociale, notamment les frais d'appareillage, mais aussi d'assistance par une tierce personne (aide ménagère, assistante maternelle) ou encore d'aménagement du domicile (sanitaires adaptés, monte-escaliers, etc.) et du véhicule. Les sommes versées par le FGTI au titre de l'indemnisation des victimes ne sont pas assujetties à l'impôt sur le revenu.

Doté de trois cent cinquante collaborateurs, le FGTI est un organisme de soutien aux victimes parmi les plus innovants au monde et la France est un pays précurseur en la matière. Incontestablement, il constitue un vrai progrès. Indemnisant près de cent vingt mille personnes par an et ayant vu le nombre de dossiers d'indemnisation exploser après les attentats de 2015, le Fonds est désormais sur le devant de la scène. L'organisme n'hésite pas à communiquer, notamment sur les réseaux sociaux et *via* des vidéos accessibles au grand public.

Il n'en demeure pas moins qu'il fait l'objet de critiques de la part de certaines victimes, de leurs conseils et des associations. Car si le Fonds offre de nombreux avantages, dont celui de ne pas avoir à se soucier de la solvabilité des responsables des dommages et de permettre le règlement rapide des indemnisations, les contempteurs du FGTI pointent de vraies difficultés : délais jugés interminables, offres d'indemnisation trop basses et pas suffisamment personnalisées, mais aussi des expertises souvent difficiles à surmonter pour des personnes déjà bouleversées et qui doivent affronter le regard parfois distant des experts.

Lors de ma réunion avec les membres de l'association niçoise d'aide aux victimes, j'avais noté quelques inquiétudes à l'évocation du Fonds. Certains d'entre eux étaient sans nouvelles de l'avancée de leur dossier, attendaient une expertise qui tardait à être organisée, ou l'aboutissement des négociations relatives à leur indemnisation. À vrai dire, j'avais été assez surpris par certaines des réactions de la salle. Je savais que les expertises pouvaient constituer de redoutables épreuves et que les dossiers pouvaient prendre du temps, mais j'avais le sentiment que le Fonds était, dans la majeure partie des cas, au rendez-vous de ses responsabilités. Notamment en allouant des provisions dès les premières semaines après l'attentat. Je compris rapidement que les personnes qui me confiaient leur désarroi n'étaient pas assistées d'un avocat dans leurs démarches. Là résidait vraisemblablement le problème. Car le Fonds était un interlocuteur avec lequel il fallait être exigeant, et surtout accompagné par un professionnel du droit. L'indemnisation du préjudice, qui plus est en matière de terrorisme, ne relève pas d'une simple formalité administrative. Les victimes ne peuvent pas s'en remettre aux seuls gestionnaires de dossiers du FGTI, si compétents soient-ils. Elles doivent être accompagnées d'avocats pugnaces, rompus aux négociations et maîtrisant les subtilités du droit du dommage corporel. À l'évidence, certaines d'entre elles étaient abandonnées en rase campagne, seulement suivies par les gestionnaires du Fonds qui administraient leurs dossiers. Or, les dossiers d'indemnisation, souvent très complexes, ne doivent pas être administrés, mais défendus. La nuance est de taille.

Parmi les personnes avec qui je discutai à l'issue de la réunion, se trouvait une victime dont un parent proche était décédé sur la promenade des Anglais. Elle attendait depuis près d'un an qu'un expert fût désigné pour évaluer un point précis de son préjudice. Elle avait subi une première expertise, mais l'expert désigné par le Fonds avait sollicité l'avis spécialisé d'un sapiteur. Il est en effet fréquent qu'en cas de difficulté à évaluer les conséquences du dommage, l'expert désigné par le Fonds demande qu'il lui soit adjoint les services d'un spécialiste. Cette demande de second avis n'avait rien de suspect, mais la victime attendait depuis bientôt un an d'être convoquée pour cette nouvelle expertise. Il était plus que temps de réveiller son dossier. Ce d'autant plus que, traumatisée par l'attentat, elle était désormais dans l'incapacité d'exercer la moindre activité professionnelle. Or, c'est sur la base du rapport définitif d'expertise qu'une victime peut solliciter l'indemnisation de son préjudice.

De guerre lasse, la plupart des victimes rencontrées à Nice avaient accepté les propositions d'indemnisation du Fonds de garantie. Les montants versés étaient souvent inférieurs aux sommes qu'elles auraient pu demander devant le « jivat », juge de l'indemnisation des victimes de terrorisme. Mais elles avaient signé les transactions qui leur avaient été proposées par le Fonds. Il n'était donc plus possible d'aller devant le juge pour solliciter une indemnisation plus importante.

Certains interlocuteurs me firent également part de leur déception à propos du déroulement de leur expertise, notamment quant au fait que leur dommage fasse l'objet d'une évaluation selon des critères considérés comme trop techniques : souffrances endurées, déficit fonctionnel permanent, préjudice d'angoisse de mort imminente… Derrière ces notions d'évaluation du dommage corporel se trouvent des situations humaines très concrètes, des parcours de vie et des drames intimes qui s'accommodent mal de la froideur des techniques d'évaluation employées. D'autres victimes s'étonnaient, au-delà même des montants qui leur avaient été alloués, des écarts d'appréciation de leur dommage par les experts :

— Maître, j'étais sur la promenade le soir de l'attentat. L'expert m'a noté 4,5/7 pour les souffrances endurées alors qu'une autre victime a été évaluée à 6/7 ; comment peut-on expliquer cette différence ?

Les méthodes d'évaluation reposent pourtant sur une documentation médicale qui fait consensus. En réalité, l'expertise ne doit pas être prise à la légère. J'expliquai notamment qu'il est impératif d'être accompagné par un médecin-conseil de victime. Son rôle consiste justement à veiller à la correcte évaluation du dommage. Nombre de victimes n'avaient pas été informées de l'utilité ou ne serait-ce que de la possibilité d'avoir recours à un médecin-conseil. Or, sa simple présence lors de l'expertise suffit parfois à expliquer les écarts entre les préjudices des uns et des autres. Une autre personne me rapporta, amère, le déroulement de son expertise, m'expliquant que l'expert l'avait reçue de manière assez expéditive, relativisant ses séquelles et concluant que les conséquences de l'attentat sur sa vie étaient, selon ses termes, « modérées ».

« Modérées ». Le mot ne passait décidément pas pour cet homme qui avait tout perdu. Il avait été contraint de cesser son activité professionnelle après le décès de son fils, fauché par le terroriste. Il était incapable de reprendre une existence normale. L'expertise avait tourné pour lui à l'humiliation.

Ces quelques récits venaient confirmer mon ressenti à propos des expertises diligentées par le FGTI.

Indispensables pour discuter d'un montant indemnitaire sur une base médico-légale sérieuse, celles-ci suscitaient critiques et ressentiments, alors qu'elles étaient pourtant conduites par des médecins souvent dotés d'une spécialité, d'une solide expérience en matière de prise en charge des victimes et répondant à des obligations déontologiques très strictes. D'autres victimes me rapportaient le professionnalisme et la bienveillance des experts auxquels elles avaient été confrontées dans le cadre de l'évaluation de leur dommage. Mais, au vu de l'enjeu, il était indispensable que ces opérations se déroulent en présence d'un médecin-conseil.

La bataille de l'indemnisation recouvre une autre réalité concrète, souvent pénible pour les victimes. Celles-ci doivent collecter toutes les preuves de leur préjudice. Il faut justifier l'existence du traumatisme, expliquer en quoi la vie a été bouleversée par l'attentat. Cela suppose un important travail de recherche de documents justificatifs, pièces du dossier médical, factures, bulletins de paye, photographies, de nature à justifier les demandes d'indemnisation financière. Dans certains dossiers de réparation du dommage corporel, les pièces que nous produisons à l'appui de nos demandes représentent plusieurs kilos de documents. Certains, tel le philosophe du droit Jean-Baptiste Prévost, parlent, en référence à ces fastidieuses recherches documentaires, d'« archéologie de la blessure » : il faut remonter dans le passé et rechercher scrupuleusement toutes les traces de la vie d'avant, pour démontrer la différence d'avec l'existence postérieure au fait traumatique. À cette condition seulement, la victime pourra prouver son préjudice et en solliciter la réparation intégrale.

Le droit prévoit que toute personne doit pouvoir obtenir la réparation « intégrale » de son préjudice « sans perte ni profit ». Elle doit être replacée, par le biais de son indemnisation, dans la situation dans laquelle elle se trouvait avant les faits, dans l'ensemble de ses conditions d'existence.

En l'espace de quelques années, le droit de la réparation du dommage corporel a progressé dans un sens favorable aux victimes, ouvrant des perspectives d'indemnisation sans cesse plus larges pour qui en maîtrise la complexité. Encore faut-il qu'elles soient accompagnées de professionnels aguerris pour ne pas mener seules la bataille de l'indemnisation de leur préjudice.

Troisième partie

Mes autres combats : une vie d'avocat

15

Corse : des entrepreneurs à l'ombre de la mafia

Lundi matin, 7 h 30. Je m'apprête à rejoindre le cabinet pour une nouvelle semaine de travail. Trois audiences correctionnelles, des rendez-vous clients et deux expertises de victimes, voilà pour le programme des jours à venir. Je vais plaider, faire des rencontres et travailler au calme pour bien préparer mes audiences. Typiquement le rythme varié qui me convient. J'ai hâte d'entamer la semaine.

Dans ma poche, mon portable vibre. Je regarde l'écran : il affiche « numéro inconnu ». Je décroche mécaniquement, sans trop savoir à quoi m'attendre, vu l'heure matinale. La voix, masculine, est ferme et elle achève de me réveiller. C'est un gradé de la SDAT, la sous-direction antiterroriste :

— Allô, maître Rajon ? Nous venons d'interpeller votre client à son domicile. Nous l'avons placé en garde à vue pour association de malfaiteurs et destruction de biens, en relation avec une entreprise terroriste. Nous travaillons sous commission rogatoire de Gilbert

Thiel, juge d'instruction à Paris. La mesure a débuté à 7 heures ce matin. Nous venons de lui notifier ses droits. Il sera dans nos locaux à Ajaccio à 14 heures et nous entamerons les auditions dans la foulée. Il demande votre assistance.

Mon interlocuteur raccroche. Changement de programme : je dois répondre présent de toute urgence pour mon client. Je dispose de quelques heures pour le rejoindre à Ajaccio. Je ne me pose pas la question de savoir si je dois ou non y aller. La réponse est évidente. Un avocat doit être aux côtés de son client dans les bons et surtout dans les pires moments de son existence. Et je le connais bien. C'est un homme en or, sensible, attachant, aux valeurs familiales et entrepreneuriales qui forcent mon admiration. L'adrénaline du pénal fait le reste. J'y vais. J'annule tous mes rendez-vous du jour même et des jours suivants, car quelque chose me dit que mon séjour sur l'île de Beauté risque de durer un moment.

Les mots que j'ai entendus au téléphone n'augurent rien de bon : « Gilbert Thiel », « entreprise terroriste » : tout ça sent le soufre, ou plutôt la poudre noire… À l'époque, Gilbert Thiel est un magistrat qui instruit des dossiers sensibles en Corse. Quant aux motifs de la garde à vue, ils sont ronflants. La loi permet dans ce genre de cas des retenues de plusieurs jours.

Vite, je rassemble en coup de vent quelques chemises et un costume de rechange. Je passe ensuite au cabinet récupérer mes dossiers, je note quelques consignes à ma secrétaire sur un Post-it et je démarre ma voiture pour parcourir les 300 kilomètres qui séparent Lyon de l'aéroport de Marseille. Si je roule bien, je pourrai attraper le vol qui me permettra d'être à Ajaccio à 13 heures.

Sur la route, j'évite de me poser trop de questions sur l'affaire. Je n'ai pas accès aux pièces du dossier, l'enquêteur n'a pas été très bavard au téléphone et je dois me concentrer sur la conduite si je veux embarquer à temps dans l'avion. Mais que fait donc mon client dans cette histoire ? On verra bien… Arrivé à l'aéroport de Marseille, je monte dans l'appareil pour Ajaccio. Après un vol d'une cinquantaine de minutes, j'atterris sur l'île.

Un taxi me dépose devant la gendarmerie avec dix minutes d'avance. Entouré de murs et de grillages, cerné de caméras de vidéoprotection, le bâtiment fait face à la mer, quelques mètres à peine derrière la plage du Ricanto, au beau milieu de la baie d'Ajaccio. Je patiente devant le portail. Je regarde le sable qui a envahi le bitume noir de la chaussée longeant le bâtiment. J'ai quitté Lyon sous le brouillard, sans avoir eu le temps de jeter un coup d'œil à la météo. Le soleil est haut dans le ciel bleu. Il fait chaud, je supporte à peine mon costume bleu marine et mes chaussures anglaises. Et en plus, j'ai oublié mes lunettes de soleil… J'attends qu'on veuille bien m'ouvrir, mais les lieux sont fermés et semblent vides. J'aimerais bien rencontrer le directeur d'enquête pour qu'il m'explique ce qui est reproché à mon client. Mais j'ai beau sonner à l'interphone, personne ne répond. Puis je discerne au loin un convoi qui approche à vive allure.

À son arrivée devant le portail, les trois véhicules bleus sérigraphiés de la gendarmerie éteignent sirènes et gyrophares et se garent devant moi, dans la cour du bâtiment. La portière coulissante de l'un des fourgons s'ouvre, deux gendarmes en sortent. Un grand homme costaud se déplie difficilement en s'extirpant du véhicule. Il est menotté. C'est lui. Mon client se retrouve face à moi. L'air blagueur, il me lance de sa voix grave, avec son accent insulaire, dans un grand éclat de rire :

— Alors, Fabien, comment tu vas ? Ça fait plaisir de te voir !

Changement d'ambiance. Nous pénétrons dans les locaux de la gendarmerie et entamons d'emblée l'entretien confidentiel qui précède les auditions. Nous discutons, tentant de comprendre ce que peuvent bien chercher les gendarmes. Rien ne nous vient à l'esprit. Mon client a certes ses convictions et a peut-être frayé avec les nationalistes, plus jeune, quand il était au lycée. Mais tout cela commence à dater et n'a rien d'extraordinaire non plus. A-t-il menacé quelqu'un ? Non. Est-il en conflit avec un concurrent ? Pas davantage. Le désert total. Il ne voit rien, ne comprend pas. Moi non plus. Alors pourquoi cette garde à vue ? Que cherche donc le juge ?

L'audition commence. J'espère enfin y voir plus clair. Les enquêteurs déroulent leurs premières questions, de manière neutre et professionnelle : coordonnées complètes, activité professionnelle, antécédents judiciaires – néant, au cas présent. Les questions s'enchaînent, sans que nous comprenions où les gendarmes veulent en venir. Tout cela devient énigmatique. Au bout d'un moment, nous finissons par comprendre que les gendarmes ne disposent pas du moindre élément. Pire : ils ne reprochent rien en particulier à mon client. Les mêmes questions, d'ordre général et impersonnelles, tournent en boucle dans leur bouche. S'il n'a rien à se reprocher, pourquoi diable a-t-il été placé en garde à vue ? Mystère.

Je sens les gendarmes gênés aux entournures. Ils paraissent de plus en plus embarrassés par cette garde à vue, qui n'a visiblement aucune raison sérieuse d'être ordonnée, mais qu'ils doivent néanmoins mener jusqu'à son terme. Tout cela n'amuse plus vraiment mon client. Son interpellation au petit matin par une équipe lourdement armée n'est pas passée inaperçue. Il a été contraint d'abandonner, toutes affaires cessantes, ses salariés et ses clients. Sa famille s'inquiète.

La garde à vue est finalement levée le lendemain, en fin de journée. Aucune charge, pas la moindre infraction ne lui sont reprochées. Dans leurs petits souliers, les gendarmes reconnaîtront à demi-mot que, comme d'autres entrepreneurs insulaires, mon client était potentiellement menacé par la vague d'assassinats qui frappe alors le milieu des travaux publics dans l'île. Il a été décidé de le placer en garde à vue pour recueillir ses confidences. Évidemment, il y avait de quoi regretter et même fustiger les méthodes du magistrat. Une audition libre, sur simple rendez-vous, aurait été franchement plus appropriée qu'une garde à vue. Dans les bureaux de la gendarmerie d'Ajaccio, d'autres entrepreneurs étaient eux aussi placés en garde à vue, là encore sans motif valable. Attentatoire aux libertés, la mesure était en outre totalement inefficace : jamais il ne serait venu à l'esprit de mon client de livrer la moindre information sur les menaces dont il pouvait faire l'objet dans de telles conditions ! C'était bien trop risqué, car ceux qui ensanglantaient la Corse auraient tôt ou tard eu vent de ses confidences. Du reste, mon client n'avait aucune garantie que la justice parvienne un jour à stopper ces individus.

En sortant des locaux de la gendarmerie, nous nous retrouvons dans un bar de plage situé un peu plus loin. Les autres entrepreneurs viennent eux aussi de sortir de garde à vue. Ils sont tout aussi incrédules que nous. Ils ont été libérés sans le moindre élément à leur encontre. Placés en garde à vue parce que victimes potentielles. Curieuse conception des libertés de la part du célèbre juge antiterroriste ! Dans la paillote, les langues se délient, on discute autour d'un verre, en écoutant de la musique, les pieds dans le sable. Je songe quelques instants à toute cette affaire et j'essaye de prendre un peu de recul. Je me dis qu'à la réflexion, ces gardes à vue « préventives » auront peut-être le mérite de faire baisser la tension, alors à son comble. Stupéfait par cette vague inédite d'assassinats, le milieu des travaux publics en Corse devient paranoïaque. Des rumeurs aussi folles les unes que les autres courent dans les villages du Sartenais et du Valinco. Après tout, il est peut-être temps qu'une réponse de l'État intervienne... Mais celle que nous attendons n'est sûrement pas de cet acabit. Nous espérons que la justice parvienne à identifier et à mettre hors d'état de nuire ceux qui font régner la terreur. Une tâche autrement plus compliquée que de lancer des coups de filet à l'aveugle, si spectaculaires soient-ils.

Alors que nous quittons le bar de plage et que je jette un dernier coup d'œil à la Méditerranée avant de prendre l'avion du retour, mon client me présente l'un de ses amis entrepreneurs, lui aussi tout juste sorti de garde à vue. Son vieil utilitaire Citroën C15 blanc est garé derrière la paillote :

— Tu vois, Fabien, lui, c'est un type bien. Discret, travailleur, il ne lui arrivera rien.

Quelques semaines plus tard, l'homme ainsi désigné par mon client est froidement abattu de deux coups de fusil de chasse. Un individu, cagoulé et vêtu de noir, est soudain sorti d'une camionnette avant de faire feu à plusieurs reprises. Son complice l'attendait au volant du véhicule, avant qu'ils ne prennent la fuite. Cet assassinat, ciblé, était visiblement préparé. Commis en ville et en plein jour, il suscite d'autant plus la stupeur et l'indignation que la victime était estimée de tous.

*

Je fais la connaissance de Claire[1], deux ans plus tard, lors d'un séjour estival sur l'île. C'est bronzé et détendu que je l'accueille autour d'un café, sur la terrasse ombragée d'une ferme-auberge de l'Alta Rocca. La vue est spectaculaire sur les montagnes alentour. Désormais veuve, la mère de famille n'est pas du genre à s'appesantir sur son sort. Tragiquement frappée par la mort de son mari, elle reste forte. Sa douleur, pourtant profonde, paraît à peine perceptible dans ses yeux bleus.

Durant notre première rencontre, l'épouse de l'entrepreneur au vieux Citroën C15 me parle du bonheur simple de sa vie d'avant le drame. Elle me décrit aussi l'entreprise de travaux publics qu'avait créée son mari, me détaille les journées de travail qui n'en finissaient

1. Le prénom a été modifié.

pas et les efforts qui commençaient, lentement, à porter leurs fruits. Elle brosse le portrait d'un chef d'entreprise apprécié de tous. Un homme simple, discret, qui les chérissait, elle et ses deux enfants. Nous abordons le drame qui l'a frappée sans prévenir. Elle n'ignorait pas que des turbulences secouaient le milieu du BTP. En à peine quelques mois, pas moins d'une dizaine de chefs d'entreprise de « l'extrême Sud » de la Corse avaient été abattus. Sur fond de recomposition du milieu insulaire et de perte d'influence des ex-barons locaux, de nouvelles équipes de truands imposaient brutalement leur loi pour mettre la main sur des pans entiers de l'économie de l'île. Le secteur du bâtiment et des travaux publics n'était pas épargné. Mais son mari ne voulait pas céder à la psychose. Son intégrité plaidait pour lui. Il ne voyait pas pour quelle raison il serait inquiété. Il n'avait jamais reçu la moindre menace. Sa petite entreprise, qui commençait à être rentable, n'attirait pas les convoitises, pensait-il. Il continuait à vivre normalement, sans prendre de précautions particulières.

Ma cliente n'avait aucune idée des visages qui pouvaient se cacher sous les cagoules des exécutants, pas plus qu'elle n'imaginait qui pouvaient être les commanditaires de l'assassinat de son mari. L'enquête, ouverte par la section de recherche de la gendarmerie d'Ajaccio, comme l'information judiciaire confiée à un juge d'instruction quelques jours plus tard, n'avait rien donné.

Nous évoquons mon rôle d'avocat et ce que je peux faire pour lui venir en aide. Elle souhaite que je la défende. J'en suis honoré et j'accepte sans hésiter. Cette jeune mère de famille a tout perdu et se retrouve seule avec ses enfants. Je lui propose de nous constituer partie civile dans le cadre de l'instruction, ne serait-ce que pour avoir accès au dossier. J'entamerai ensuite les démarches liées à la réparation de son préjudice. Sans effacer le drame, l'indemnisation que je demanderai devant la Civi pourra aider ses deux enfants qui devront affronter l'avenir sans leur père. Il faut aussi régler les conséquences sur l'entreprise du décès de son mari. Nous convenons que je me mette aussitôt au travail car ce dernier point est loin d'être simple et il va falloir avancer.

L'hôtel Campo dell'Oro est idéalement situé entre l'aéroport Napoléon-Bonaparte et le centre-ville de la préfecture de la Corse-du-Sud. Ouvert toute l'année, l'établissement offre une très belle vue sur le golfe d'Ajaccio. Il constitue le point de départ idéal pour visiter les trésors de la côte occidentale de l'île. Connu pour accueillir les équipes de football qui viennent se mesurer aux deux clubs locaux, l'ACA et le Gazélec, il attire également, avec ses salles de travail discrètes et dépourvues de vis-à-vis, une clientèle souhaitant discuter affaires en toute confidentialité et à l'abri des regards indiscrets.

J'ai rendez-vous dans un des salons de l'hôtel pour une réunion assez particulière, qui s'annonce tendue. J'accompagne Claire. Elle est lassée par le conflit qui l'oppose à l'ex-associé de son mari, conflit qui s'ajoute à ses épreuves du moment. Son époux avait développé son activité sans faire de vagues et en se tenant à l'écart de tout contentieux, mais quelque temps avant le drame, il avait accepté de s'associer à une figure locale, qui s'était octroyé la moitié des parts de l'entreprise. Les conditions de cette association me semblaient assez floues et je doutais de son consentement libre et éclairé.

Avait-il été associé de force ? Rien ne me permettait de l'affirmer, mais je ne pouvais m'empêcher d'y penser.

Quoi qu'il en soit, le décès du quadragénaire rebattait les cartes : ma cliente s'était retrouvée du jour au lendemain associée à ce nouveau venu. L'homme ne semblait pas vraiment enclin à développer la société montée à la sueur de son front par son mari. Pire, l'affaire périclitait de jour en jour.

L'atmosphère est glaciale lorsque la réunion débute. L'associé, un grand brun taiseux, est habillé de noir. Il nous rejoint, accompagné de son conseil. Dès qu'il pénètre dans la salle, dominateur et toisant ma cliente, je comprends que nos discussions vont être difficiles. Je tente d'arrondir les angles et de lancer les pourparlers, mais les positions sont radicalement antagonistes. L'homme ne voit aucune raison valable de lâcher ses parts sans recevoir une somme astronomique des mains de ma cliente. Le blocage est total. Dans ce type de situation, le droit des sociétés n'offre pas beaucoup d'alternatives ; il prévoit seulement la désignation d'un mandataire *ad hoc* pour assurer la gestion courante de l'entreprise ou sa dissolution pure et simple. La réunion est vite levée. Après d'ultimes tentatives pour parvenir à un accord amiable, nous abandonnons l'idée d'une négociation. C'est manifestement devant un juge qu'il faudra croiser le fer.

Une ordonnance de non-lieu est finalement rendue par le juge d'instruction en charge des investigations sur l'assassinat du mari de Claire. Aucun suspect n'a été identifié. J'en serai informé quelque temps plus tard. Ma cliente ne pourra pas compter sur la justice pour mettre un nom sur les deux hommes qui ont lâchement tué son mari.

Le 16 octobre 2012, le bâtonnier d'Ajaccio, Antoine Sollacaro, soixante-trois ans, est à son tour assassiné, alors qu'il faisait le plein de sa Porsche 911 Carrera cabriolet dans une station-service. La mort de cette figure des prétoires, avocat historique de certains milieux nationalistes, marquera profondément les esprits. Manuel Valls, Premier ministre à l'époque, ose briser un tabou. Pour la première fois, un des plus hauts personnages de la République prononce le mot de « mafia » pour désigner le mal endémique qui gangrène la Corse. Terminé, le folklore du FLNC et les coups de menton simplistes des responsables politiques des années 1990. Cette fois, le mal est beaucoup plus profond et bien plus complexe à juguler. Avec un taux d'homicide par habitant plus élevé encore qu'en Sicile, la Corse devait désormais se regarder telle qu'elle est. Une île malade, qui sombre en silence.

16

Bébés sans bras : un mystère sans réponse ?

Lundi 19 août 2019, retour de vacances. Je rejoins le cabinet dès 8 heures. En ce début de matinée, l'immeuble est silencieux, vidé de ses occupants. Dans le quartier, commerces et bureaux sont fermés pour les congés estivaux. L'agitation qui règne habituellement à cette heure a laissé place à la torpeur du mois d'août.

L'avenue longeant mon cabinet est déserte. Je parcours les quelques mètres qui séparent ma voiture de l'entrée de mon immeuble sans rencontrer âme qui vive. Sitôt la porte du cabinet franchie, je suis brusquement saisi par la sonnerie du standard téléphonique qui retentit en boucle. À peine installé à mon bureau, je dois répondre à tous ces appels qui assaillent mon cabinet. Ce sont des journalistes qui me contactent, en réponse au communiqué que j'ai adressé la veille à mon fichier presse. Les médias attendent la confirmation du lieu et de l'horaire de la conférence de presse que j'organise. Je leur détaille les modalités de l'événement et note soigneusement les demandes d'interviews. Je dois répondre seul à toutes ces sollicitations, car ma secrétaire est en congé jusqu'à la fin de la semaine. En quelques minutes, je retrouve cette effervescence qui précède les grands rendez-vous médiatiques. Les vacances, elles, sont déjà oubliées.

La mère du petit Louis me rejoint comme convenu un peu plus tard, vers 9 h 30. J'ai prévu de la briefer sur le dossier et de lui donner quelques clefs pour répondre aux questions des journalistes, avant le début de la conférence de presse, qui se tiendra à 10 h 30.

Son fils, âgé de sept ans, est atteint d'une malformation du bras droit. Elle et son conjoint se battent pour déterminer l'origine exacte du handicap de leur enfant. Nous annoncerons, devant micros et caméras, que nous déposons plainte contre X, du chef de mise en danger de la vie d'autrui. Pour la première fois en France, une famille d'enfant né avec une malformation congénitale décide de saisir la justice.

L'affaire des « bébés sans bras » intrigue depuis bientôt cinq ans, sans qu'aucune réponse n'ait été trouvée. Deux régions, en particulier, inquiètent par le nombre de cas comparé au chiffre total des naissances : l'Ouest, plus particulièrement la Loire-Atlantique et le Morbihan, et l'Ain, dont est originaire ma cliente.

Dans ce département, sept bébés nés sans bras ont été recensés dans un rayon de 17 kilomètres autour de la petite commune rurale de Druillat, entre 2009 et 2014. Le chiffre alarme familles, médecins et associations, car il est cinquante fois supérieur à la normale.

C'est Emmanuelle Amar, épidémiologiste et dirigeante du Remera, le Registre des malformations en Rhône-Alpes, qui sonne l'alerte et donne à l'affaire l'ampleur, notamment médiatique, qu'elle mérite. Avec son association, elle recense toutes les malformations constatées dans les maternités de la région. Farouchement indépendante et se tenant à bonne distance des lobbies, l'équipe du Remera collecte et analyse une base de données de soixante-quinze mille dossiers, pour analyser les cas de malformations constatés à la naissance. Dès 2014, l'association affirme avoir identifié formellement un cluster de bébés sans bras dans l'Ain et prend contact avec les familles concernées pour enquêter sur leur profil. Elle adresse un questionnaire détaillé afin de tenter de déterminer les parcours, habitudes de vie, antécédents médicaux et lieux de résidence des parents des enfants atteints par ces malformations. L'équipe d'Emmanuelle Amar recherche des informations précises : ces familles ont-elles vécu à proximité de sites industriels ou d'exploitations agricoles utilisant des pesticides ? Les mères ont-elles été confrontées au cours de leur vie professionnelle à des produits toxiques ?

À l'analyse des résultats, les experts du Remera parviennent à trouver certains points communs à ces familles : si aucune d'entre elles ne présente d'antécédents particuliers, toutes habitent dans des zones rurales, à proximité d'exploitations agricoles cultivant des champs de maïs et de tournesol. Les regards se tournent vers certains produits phytosanitaires utilisés par les agriculteurs. Des familles évoquent même l'existence de nappes phréatiques en sous-sol des champs. Le scénario d'une possible contamination de l'eau commence à être envisagé. Le Remera s'intéresse également au réseau d'alimentation en eau potable dans le secteur :

aurait-il fait l'objet de travaux ayant pu engendrer une pollution ?

De régionale, l'affaire va prendre une ampleur nationale. Car les malformations recensées dans l'Ain font écho à celles constatées dans l'ouest de la France. Dans les deux cas, aucune explication autre que la proximité entre les domiciles des familles et des zones agricoles n'a pu être trouvée. Il est certain que les malformations congénitales constituent un problème de santé publique qui inquiète les Français. Chaque année, près de trente mille familles sont concernées dans l'Hexagone. Les autorités décident donc de lancer des investigations. L'Agence nationale de sécurité sanitaire (Anses) et Santé publique France sont saisies. Deux comités dédiés à l'affaire des « bébés sans bras » sont créés : un comité d'orientation stratégique, au sein duquel les associations et les familles ont droit de cité, et un comité d'experts scientifiques.

Hélas, les cas répertoriés dans l'Ain seront rapidement écartés par le comité d'experts scientifiques, invalidant formellement les conclusions de l'équipe d'Emmanuelle Amar. Les cas de l'Ain ne présenteraient pas les caractéristiques d'un véritable cluster. Il n'est donc pas nécessaire de mener d'enquête de terrain concernant les enfants nés dans les environs. Pour les familles, c'est la douche froide. Elles voient s'éloigner leurs espoirs de connaître un jour la vérité.

Pourtant, quand la mère de Louis a donné naissance à son enfant, on lui a annoncé qu'il présentait bel et bien une malformation d'un genre particulier. Il s'agirait d'une agénésie transverse du membre supérieur (ATMS), un syndrome rare. Apprenant plus tard que d'autres malformations similaires à celles de son fils ont été constatées à quelques kilomètres de chez elle, elle acceptera d'être associée aux travaux du comité d'orientation stratégique et assistera à des réunions à Paris. Mais après plusieurs mois de participation, des doutes quant à l'indépendance de cette instance se feront jour. Le cluster de l'Ain écarté, les travaux du comité ne permettront pas de déterminer l'origine de la malformation de son fils. Déçue, la mère de Louis quitte le comité. Elle souhaite désormais se tourner vers la justice.

C'est dans ces conditions que j'entre dans l'affaire des « bébés sans bras ». Ma cliente demande une vraie enquête et attend des investigations indépendantes, au plus près du terrain.

Je lui propose de déposer plainte et de demander l'ouverture d'une information judiciaire. Un juge d'instruction doit investiguer dans ce dossier, avec des moyens lui permettant de faire toute la lumière sur cette affaire. Ce dossier est trop sensible, trop complexe aussi, pour ne pas être confié à un magistrat.

En travaillant le dossier, j'identifie les interlocuteurs auxquels il convient de nous adresser : les Pôles de santé publique, juridictions dédiées aux questions environnementales et de responsabilité médicale. Créés au début des années 2000 et connus du grand public à la faveur des affaires Mediator ou Levothyrox, ces pôles sont composés de juges et de procureurs spécialisés, rompus aux enquêtes complexes et aidés par des médecins, des pharmaciens et même par un vétérinaire. Ils sont répartis sur deux sites, l'un à Paris, compétent pour toute la partie nord de la France, et l'autre à

Marseille pour la moitié sud. Après quelques années de flottement, ces juridictions ont fait la démonstration de leur efficacité, un peu à la manière du Parquet national financier. Dans l'affaire du Mediator, les investigations, pourtant extrêmement techniques, ont été menées avec efficacité et ont permis la tenue d'un procès très attendu par les victimes. À l'évidence, c'est vers ces magistrats spécialisés qu'il faut nous tourner.

Je cherche ensuite à cerner le type d'investigations qui permettrait de déterminer les causes des malformations observées chez ces enfants. Je liste l'ensemble des actes d'enquête nécessaires à la manifestation de la vérité. À mon sens, ils devront être effectués en deux temps distincts.

Les enquêteurs devront d'abord travailler sur les enfants et sur leurs familles, afin d'écarter toute explication liée à leurs antécédents ou à leurs modes de vie individuels. Ils devront s'assurer que les cas recensés correspondent bien à des agénésies et non pas à d'autres types de malformations dues à des prédispositions génétiques. Il faudra également observer de près les habitudes des mères et rechercher les substances auxquelles elles auraient pu être exposées pendant leur grossesse : cosmétiques, produits d'entretien ménagers, rayonnements ionisants, tabac, alcool ou encore stupéfiants. Ce n'est qu'une fois ce travail accompli que l'enquête pourra s'orienter vers des causes extérieures, et notamment environnementales.

La seconde phase de l'enquête devra porter sur les facteurs exogènes, communs à ces familles, indépendamment de leurs prédispositions ou de leurs habitudes personnelles. Il s'agira de dresser la liste de l'ensemble des lieux de résidence des mères pendant leur grossesse. Les enquêteurs devront rechercher les points de captage d'eau alentour, pour déterminer d'éventuelles expositions à des polluants *via* l'eau potable. Autre axe d'enquête : la pollution de l'air. Il conviendra de rechercher les produits chimiques utilisés autour des habitations des familles et de déterminer leurs périodes d'épandage, pour ensuite les comparer avec les dates de gestation des bébés. Il faudra enfin rechercher toutes les sources de pollution à proximité des lieux de résidence, mais aussi répertorier les incidents ayant pu porter atteinte à la santé des populations dans les environs. À l'évidence, ce travail promet d'être colossal. Seuls les magistrats des Pôles de santé publique disposent des compétences et des moyens pour le mener à bien.

Je réfléchis également au type de plainte que nous devrons déposer. Nous pouvons, au choix, envisager d'agir contre personne dénommée ou contre X. Je me prononce en faveur de la deuxième option, qui me paraît plus prudente. Ma plainte ne visera donc personne spécifiquement : ni l'État ni une collectivité, pas plus qu'un groupe industriel ou agricole en particulier. Il n'est pas question de jeter des noms en pâture, sans avoir réuni ne serait-ce qu'un commencement de preuve à l'encontre de qui que ce soit. Mon objectif n'est pas de désigner des coupables avant l'heure, mais de confier cette affaire à des magistrats spécialisés, afin qu'ils effectuent des investigations approfondies, en toute indépendance, dans un dossier complexe. Je garde surtout à l'esprit de sécuriser les intérêts de ma cliente. Il faut lui éviter d'être exposée à un risque de poursuites pour dénonciation calomnieuse si notre plainte devait être classée. En agissant contre X, ce risque est écarté.

Notre plainte sera finalement classée sans suite, en mars 2021. L'information est rendue publique un an plus tard. Interrogée par les médias, ma cliente accueille la nouvelle avec philosophie. Inutile pour elle de s'appesantir sur les conclusions rendues par le parquet de Marseille. Mieux vaut sûrement se concentrer sur l'avenir de son fils, loin du tumulte des affaires judiciaires. Du côté du Remera, qui soutenait notre démarche, la réaction est autrement plus vive. Sa présidente, toujours pugnace et combative, s'indigne que des parties prenantes du dossier, pourtant incontournables, n'aient pas été entendues par les enquêteurs.

Après ce classement sans suite, nous disposons de la possibilité de faire citer directement une personne physique ou morale devant un tribunal, afin qu'un procès en bonne et due forme soit organisé. Nous pouvons aussi saisir le doyen des juges d'instruction, pour demander l'ouverture d'une information judiciaire et passer outre le classement prononcé par le parquet.

Ma cliente décide néanmoins d'en rester là. Je respecte son choix et songe qu'il est inutile, au fond, d'être jusqu'au-boutiste. La justice ne parvient pas toujours à faire jaillir la vérité, il faut savoir l'accepter. Difficile à admettre, lorsque l'on exerce ce métier pour gagner des combats aux côtés de ses clients. Mais après tout, il n'y a rien de déshonorant à adopter une attitude qui offre l'avantage d'être non seulement raisonnable, mais surtout conforme à la volonté profonde de cette mère de famille.

Mon métier est décidément fait de successions de victoires et de déconvenues. Il faut composer avec cet aléa qui fait aussi, quelque part, le sel de ma profession.

Unique mère de famille à avoir saisi la justice à ce jour, la mère de Louis ne voulait pas s'épuiser dans un combat judiciaire long et semé d'embûches. Elle ne courait pas après les indemnités mais cherchait simplement un bout de vérité. Dans son esprit, la page devait désormais être tournée. Après les autorités de santé, la justice venait, à son tour, de refermer le dossier des « bébés sans bras ».

17
Affaire Fazio : le combat d'une mère

Dans certains dossiers, l'intérêt du client commande de sortir des palais de justice pour explorer d'autres horizons. Soumettre aux médias une affaire qui s'embourbe, alerter l'opinion pour faire bouger les lignes, frapper à certaines portes pour débloquer une situation, user d'influence pour tenter d'obtenir, légalement cela va sans dire, des avancées concrètes. Non seulement cela ne me choque pas, mais je suis tout près de penser que ces démarches font partie intégrante du métier d'avocat. Aux côtés des deux piliers de la profession que sont le conseil et la défense, d'autres initiatives peuvent participer au dénouement des dossiers. Il y a bien sûr des règles à respecter et des précautions à prendre. Pour autant, il est indispensable de savoir mouiller sa chemise autrement que sous la robe noire.

D'une manière générale, la profession d'avocat a profondément évolué en quelques années. Si l'on s'arrête un instant sur ce sujet, on constate que l'image du plaideur qui se consacre exclusivement à la défense devant les tribunaux a désormais vécu. Beaucoup de confrères investissent avec succès d'autres champs que l'activité judiciaire. Ils quittent les palais de justice pour explorer les voies de l'arbitrage, du conseil, de la médiation et même, pour certains, du lobbying. La profession d'avocat, qui compte aujourd'hui en France plus de soixante-dix mille professionnels, est beaucoup plus diverse que l'on ne pense. La robe et la plaidoirie ne sont plus l'alpha et l'oméga du Barreau. À chaque avocat correspond un mode d'exercice spécifique et finalement cette profession est ce que l'on en fait.

La défense d'un client devant les juridictions peut être complétée par d'autres initiatives plus iconoclastes. Je pense d'abord à la médiatisation des affaires. Soyons précis au sujet des médias : je reste réaliste quant à leur impact sur la décision rendue par une cour ou par un tribunal. Celui-ci est à peu près nul. C'est d'ailleurs une bonne chose. Si un jugement ou un arrêt dépendaient directement de sa médiatisation, il y aurait quelques raisons d'être inquiet quant à l'impartialité des juges. Pour autant, dire que ce type de démarche n'a pas d'incidence sur l'avancée de certains dossiers revient à se fourvoyer. Combien de placements en garde à vue, de comparutions immédiates ou encore de renvois devant un tribunal s'expliquent par le retentissement médiatique d'une affaire ? Il en va autrement de la décision définitivement rendue, qui me semble imperméable à l'écho médiatique. En d'autres termes, la médiatisation peut parfois contribuer à accélérer le traitement d'un dossier, mais en aucun cas emporter la décision finale des juges.

En tout état de cause, ces voies, notamment médiatiques, doivent être empruntées avec finesse. Elles ne se résument d'ailleurs pas simplement à l'utilisation des médias pour toucher l'opinion publique. D'autres initiatives peuvent être prises pour faire avancer certains dossiers.

J'ajoute, pour aller plus loin, que dans certains cas, un succès devant la justice ne suffit pas pour débloquer une situation concrète. Un dossier peut être parvenu à son terme, la décision être favorable aux intérêts du client sans que, en pratique, son quotidien soit pour autant changé. Car obtenir une décision de justice est une chose, la faire appliquer constitue une tâche souvent plus délicate. C'est notamment le cas lorsqu'il s'agit de faire exécuter à l'étranger une décision rendue en France. Dans ce cas, l'affaire se complique. Ce sont les règles de droit international privé qui s'imposent, souvent *via* des conventions bilatérales. Dans ce type de situations, fréquentes en matière de conflits parentaux et de garde d'enfant, les procédures judiciaires ne suffisent pas toujours. Il convient alors de trouver des appuis pour faire avancer les choses, notamment sur le plan diplomatique.

L'affaire Fazio illustre cette nécessité de frapper à d'autres portes en complément de la justice. Assez peu médiatisée, elle nous mena, ma cliente et moi, jusqu'à l'Élysée.

*

Avril 2010 : deux enfants sont enlevés par leur père et emmenés en Algérie, après une séparation sur fond de violences conjugales. Le père profite d'un droit de visite « médiatisé » dans les locaux d'une association pour kidnapper les enfants et quitter aussitôt l'Hexagone. C'est la deuxième fois qu'il arrache les enfants à leur mère. Quatre ans plus tôt, l'homme s'envolait avec eux vers son pays natal, pour finalement rentrer en France quelques mois plus tard. Il sera condamné pour ces faits à un an d'emprisonnement avec sursis. Mais il récidive. De surcroît, il ne semble plus, cette fois, décidé à rentrer.

Embourbée dans un véritable labyrinthe judiciaire, la jeune mère de famille me contacte un an après l'enlèvement, au printemps 2011. Le père a été mis en examen par un juge d'instruction. Il encourt vingt ans de réclusion criminelle. J'envisage d'autres démarches pour tenter de faire avancer cette affaire. Je pense à deux axes en particulier : les médias et la voie diplomatique. Je suis convaincu que, malgré toutes les décisions rendues par les tribunaux, ma cliente ne parviendra pas à revoir ses enfants sans de sérieux appuis de la diplomatie française. J'ai aussi la conviction que le drame vécu par cette mère de famille intéressera les médias et que le soutien de l'opinion peut contribuer à débloquer son cas. Nous agirons donc sur le plan judiciaire et, en parallèle, nous solliciterons les médias et la diplomatie.

Première démarche : nous médiatisons l'affaire. Elle l'avait déjà été dans la presse régionale, mais ce dossier n'avait pas eu le retentissement qu'il méritait. Il s'agissait d'un enlèvement, avec une mère pétrie d'inquiétude et qui n'avait pas revu ses enfants depuis plus d'un an. En outre, le dossier mettait aux prises la France et l'Algérie. Cette affaire avait donc tous les ressorts pour faire les gros titres.

La médiatisation n'est toutefois pas si simple à envisager et il convient de peser ses avantages et ses inconvénients avec prudence. Car dans ce type de dossiers, des représailles et autres dommages collatéraux ne sont jamais à exclure. Un tel litige peut très vite dégénérer. J'exclus de mettre ma cliente et ses enfants en danger par quelque déclaration intempestive. D'un autre côté, une médiatisation de l'affaire aura néanmoins des avantages. Car nous sommes arrivés au terme de nos procédures et les enfants de ma cliente sont toujours retenus quelque part en Algérie. Si nous souhaitons que ce dossier devienne réellement prioritaire, nous devons faire l'actualité dans les médias.

Finalement, nous décidons d'en appeler à l'opinion de manière assez sobre. Plutôt qu'une conférence de presse, nous faisons le choix d'une interview à *Elle*. Je répondrai à des questions écrites pour détailler les procédures en cours. Ma cliente prononcera quelques mots, face caméra, pour le site internet du magazine.

Je suis plutôt satisfait du résultat. Notre attitude, discrète mais résolue, offre l'avantage de la crédibilité. La ligne éditoriale du magazine colle bien avec notre souhait de garder une certaine retenue dans notre expression et de ne pas nous épancher dans les médias. Le courage et la dignité de ma cliente sont bien mis en valeur par la sobriété de notre communication.

Au-delà de sa médiatisation, je souhaite donner à cette affaire une dimension encore supérieure. Je fais le pari de solliciter le plus haut niveau de l'État. Je m'adresse directement à la présidence de la République. Après quelques contacts préalables, nous parvenons à décrocher un rendez-vous auprès du conseiller justice du président de la République d'alors, Nicolas Sarkozy. L'entretien est convenu pour le 6 juillet 2011.

Dans le TGV qui me mène à Paris pour ce rendez-vous à l'Élysée, j'avoue que je ne sais pas vraiment à quoi m'attendre… Cet entretien pourrait nous ouvrir des portes. Il s'agit aussi, et ce n'est pas accessoire, d'une marque de soutien précieuse et qui pourra nous être utile par la suite. Nos interlocuteurs vont sûrement nous donner les noms de ceux qui, en France ou en Algérie, pourraient nous venir en aide. Qui sait, le président lui-même passera peut-être une tête lors du rendez-vous pour s'entretenir avec nous ? Je ne peux néanmoins m'empêcher de craindre que la rencontre ne tourne à un exercice de compassion, livré par des technocrates aussi inquiets de nos initiatives médiatiques qu'impuissants à trouver des solutions. Je devine d'ores et déjà le scénario : nous serons écoutés, puis on nous détaillera, avec force pédagogie, les innombrables raisons pour lesquelles il n'est pas possible de débloquer le dossier. L'entretien touchera à sa fin, il sera temps de prendre le train du retour. Naturellement, nos hôtes tiendront à nous raccompagner jusqu'à la sortie. Ils nous salueront en nous souhaitant, la mine désolée et compatissante, bon courage pour la suite. Nous quitterons l'Élysée anesthésiés, après un entretien aussi long qu'inutile…

Cette perspective me décourage d'avance. Je préfère par conséquent conseiller à ma cliente de rester prudents quant à l'intérêt de ce rendez-vous. Allons-y, certes déterminés, mais sans nous faire trop d'illusions sur les résultats concrets qu'il faut en attendre.

Une fois arrivés à Paris, nous sortons de notre rame de TGV et nous nous dirigeons vers le parvis de la gare de Lyon où nous prenons notre taxi. Direction l'Élysée.

Dans la voiture, assis à côté de ma cliente, je finis par me dire que je suis peut-être trop pessimiste et qu'il ne faut pas partir perdant avant ce rendez-vous. Le taxi nous dépose à quelques pas du palais. Ma cliente accorde une rapide interview à une journaliste, puis nous nous acheminons à pied vers l'entrée principale.

Nous nous présentons tous les deux devant les grilles du portail donnant sur la cour d'honneur de l'Élysée. Après nous être soumis à plusieurs contrôles, nous gagnons l'aile droite du palais. Dès notre arrivée dans le bureau du conseiller justice du président, le contact se fait instantanément. Je comprends vite qu'il maîtrise non seulement parfaitement son sujet, mais que nous avons de surcroît de vraies raisons d'espérer une issue favorable dans cette affaire. Des informations précises, que je ne peux livrer ici, pour d'évidentes raisons de confidentialité, nous sont communiquées dès le début de l'entretien. Ce dossier est visiblement familier à notre interlocuteur, il le connaît et n'a d'ailleurs pas besoin d'en faire la démonstration. Le ton est sobre et professionnel. Surtout, et il s'agissait là d'un de mes secrets espoirs, l'homme nous détaille un calendrier de sortie de crise précis. Des actes et des actions concrètes sont entérinés.

À l'issue de cet entretien d'une durée d'une heure à peine, ma cliente et moi ressortons franchement rassurés. Ses deux enfants ne seront pas de retour dans l'heure, le dossier est difficile, mais, à cet instant, nous avons l'assurance d'être soutenus de manière efficace. En sortant du rendez-vous, je demande à l'huissier qui nous accompagne de nous prendre en photo, ma cliente et moi, dans la cour de l'Élysée. J'envoie le cliché à la presse, puis nous quittons les lieux. Le lendemain, *Le Dauphiné libéré* et *Le Progrès* consacreront leur une à notre rendez-vous parisien. Mission accomplie. Mes pronostics ont été déjoués. Nous avons incontestablement frappé à la bonne porte.

Que sont devenus ma cliente et ses enfants ? Le secret professionnel m'interdit de révéler l'épilogue de cette affaire. Je ne suis pas en mesure d'en dire plus. Tout juste retiendrai-je que dans certains dossiers, il ne faut pas hésiter à sortir des sentiers battus et savoir faire preuve d'audace.

18

Le scandale des libérés du Covid

Assemblée nationale, 19 mai 2021. Une jeune députée quitte son banc de l'hémicycle en cette fin de séance des questions au gouvernement. Elle va rejoindre ses collaborateurs, qui l'attendent dans son bureau, pour le traditionnel débriefing de fin de journée. Derrière elle, une silhouette massive s'approche d'un pas lourd et décidé. Surprise, la parlementaire se retourne. C'est Éric Dupond-Moretti en personne, qui la fixe d'un regard sombre. D'emblée, le Garde des Sceaux sonne la charge :

— Vous vous trompez complètement, madame, ce n'est pas une libération Covid ! Vous n'avez rien compris. Vos accusations dans cette assemblée sont scandaleuses !

Le ministre sermonne la jeune femme. Il est en colère et sûr de son fait. Le ton, direct et sans filtre, monte vite. Il surprend l'assistance qui cherche, embarrassée, à mettre un terme à l'incident. Un instant décontenancée, la députée se ressaisit et répond à l'homme, qui s'approche tout près d'elle. Il s'agit bien d'une libération d'un condamné au motif du Covid, qui, quelques semaines après sa sortie anticipée pour raison sanitaire, violait une jeune mineure. Déjà condamné pour violences conjugales et agressions sexuelles, l'homme présentait un risque de récidive avéré. Au lieu de nier l'évidence, le ministre devrait plutôt reconnaître la faute, béante, de la justice. La députée ne se laisse pas impressionner. Elle qui a travaillé sur ce dossier, en maîtrise tous les tenants et aboutissants. Elle brandit le jugement ayant ordonné la libération conditionnelle de cet individu. Le document est dépourvu de la moindre ambiguïté. Sa production, sous les yeux du ministre, met un terme définitif à la discussion. Furieux, le Garde des Sceaux disparaît en maugréant, puis s'engouffre à l'arrière de la voiture qui l'attend dans la cour du Palais-Bourbon.

Quelques minutes auparavant, Anne-Laure Blin, élue du Maine-et-Loire qui suit de près les questions liées à la protection de l'enfance, l'interrogeait publiquement sur cette affaire. La démarche, pourtant légitime et parfaitement documentée, ne passait pas aux yeux de l'ex-star du Barreau, devenu ministre de la Justice.

Il est vrai que l'affaire était non seulement embarrassante pour le Garde des Sceaux lui-même, mais, bien plus, parfaitement désastreuse pour l'image de la justice.

Arrêtons-nous sur les faits. En octobre 2020, Anne-Lise[1], adolescente âgée de seize ans, était violée puis menacée par un homme qui s'était employé à la droguer

1. Le prénom a été modifié.

avant de passer à l'acte. Défavorablement connu de la justice, il avait été condamné à quatre ans d'emprisonnement ferme pour violences, agression sexuelle et séquestration sur sa compagne d'alors. La malheureuse avait été littéralement défigurée par cette épouvantable agression. L'homme avait bénéficié d'une décision de libération conditionnelle en avril 2020, alors qu'il n'était libérable que bien plus tard, un an précisément, en novembre 2021.

Les informations qui m'étaient rapportées étaient accablantes pour l'institution judiciaire. Avant de prendre en charge le dossier, je pris néanmoins la précaution de me faire communiquer l'ensemble de ses éléments, notamment le jugement ayant ordonné la libération conditionnelle de celui qui allait agresser, quelque temps plus tard, la jeune Anne-Lise.

Je reçois la décision du juge d'application des peines quelques jours après ma demande. Le document confirme nos soupçons. Indiscutablement, la libération de cet homme a été motivée par le contexte sanitaire. Et si le jugement évoque d'autres raisons de faire droit à la demande du condamné, il est parfaitement clair au sujet de la raison principale de sa libération. La décision indique qu'« au vu de ces éléments et de la situation sanitaire nationale liée à l'épidémie de Covid-19 nécessitant que le taux d'occupation de la maison d'arrêt, habituellement de 130 %, soit réduit afin de limiter les conséquences d'une éventuelle propagation du virus au sein de l'établissement pénitentiaire, il convient de considérer que les conditions d'octroi d'une libération conditionnelle sont réunies ». J'apprends en outre, en lisant la décision, que l'homme s'est illustré par plusieurs incidents disciplinaires durant sa détention et qu'un des experts qui se sont penchés sur son cas a noté chez lui des tendances au « passage à l'acte hétéro-agressif ». En d'autres termes, un risque de viol ou d'agression sexuelle. Quant à sa première victime, elle s'était vu infliger pas moins de cent vingt jours d'ITT, preuve du supplice qu'il lui a infligé. La décision rendue l'a été sans qu'une audience ait été jugée nécessaire, sur simple étude du dossier. Tout cela est assez édifiant. Les informations qui m'avaient été fournies se révèlent donc exactes. Elles sont en tout point confirmées par chacune des pièces que j'ai rassemblées.

Nous décidons, de concert avec les parents d'Anne-Lise, de dénoncer publiquement cette situation. En parallèle, nous nous constituons partie civile devant le juge qui instruit les faits subis par la jeune adolescente. Son agresseur a été rapidement identifié, placé en garde à vue, puis mis en examen pour viol. Présumé innocent, il sera probablement renvoyé un jour devant une cour d'assises.

Autre initiative : nous faisons le choix d'attaquer l'État pour faute lourde devant le tribunal judiciaire de Paris. Une fois le dossier complété et nos démarches judiciaires effectuées, il est temps de porter l'affaire devant les médias et de révéler au grand public toute sa gravité.

C'est Corinne, mon assistante, qui assure l'organisation de la conférence de presse qui se tient le 13 avril 2021 au Sofitel de Lyon. Une trentaine de journalistes répondent présents, dont tous les représentants des chaînes d'information en continu. Certaines de ces chaînes couvrent l'événement en direct. L'exercice est parfaitement rodé. Assis face aux journalistes, je suis entouré des deux parents de la jeune fille et d'Armel, mon collaborateur. J'ai pris tout le temps nécessaire pour préparer ma déclaration, dès la veille au soir, et pour la relire le jour même dans l'un des salons de l'hôtel. Chaque mot que je vais prononcer devant les médias est méticuleusement pesé. Je garde près de moi, classé dans une pochette, le fameux jugement qui a ordonné la libération de l'agresseur d'Anne-Lise. Je dois être prêt à parer à toute éventualité, si d'aventure un des journalistes présents en vient à douter de la véracité de mes propos. Confiant et combatif, j'entame cet exercice de manière sereine. À mes côtés, le père de la jeune fille, révolté par cette affaire, est tout disposé à prendre la parole. La mère de la victime est prête, elle aussi, à s'exprimer. Leur texte, clair et incisif, va être lu à deux voix, puis je prendrai la parole pour livrer les détails du dossier et enfoncer le clou.

À 10 h 30, nous entamons la conférence de presse. C'est le père d'Anne-Lise qui s'exprime le premier. Il décrit parfaitement le moment où les gendarmes lui ont confié que le violeur de leur fille n'avait rien à faire en liberté le jour de l'agression. Revivant la scène devant les journalistes, il affirme :

— Lors de notre dépôt de plainte, un gendarme nous a dit : « C'est une libération anticipée Covid-19. » Cette déclaration a été un choc, une incompréhension et une colère profonde envers la justice. Comment peut-on remettre en liberté un individu avec un parcours aussi violent que le sien ?

La mère de l'adolescente poursuit d'une voix tout aussi résolue :

— La justice a relâché un individu dangereux et notre fille en a subi les conséquences. La justice n'a pas accompli son devoir ; les risques sanitaires liés au Covid-19 n'étaient pas un motif valable pour sa libération, assène-t-elle.

Elle ajoute :

— Cette affaire est un véritable scandale et toutes nos forces seront mobilisées pour que justice soit rendue.

Je reprends ensuite la parole. Inutile de forcer le trait, les faits se suffisent à eux-mêmes et j'ai en tête chaque aspect du dossier. Je vais pouvoir pointer un à un, méthodiquement, l'ensemble des éléments que j'ai recueillis et qui établissent la gravité de cette affaire. La forme sera sobre, car le fond est selon moi accablant. Je me lance à voix haute :

— Mes clients sont en colère. Ils ont de bonnes raisons de l'être : d'une part, leur fille a été violée, mais au surplus elle l'a été par un individu dangereux libéré prématurément pour un motif lié à la crise sanitaire. Nous dénonçons, en conscience et en pesant nos mots, une faute lourde de la part de l'autorité judiciaire. Nous posons, ici et publiquement, une question simple pour laquelle nous attendons des réponses : comment un individu qui a huit condamnations à son casier, qui a été condamné à quatre ans de prison ferme pour avoir séquestré, tenté de violer et agressé une jeune femme au point de lui occasionner cent vingt jours d'ITT, peut-il être libéré après seulement deux ans de détention, sans audience ni débat, au motif du Covid ?

Cette question mérite d'être posée. Rien ne serait pire que de passer sous silence cette affaire.

Mon débit est lent et assuré. Je prends tout mon temps pour dénoncer ce scandale. J'avance pied à pied et déroule mon propos, pièces à l'appui. Je précise, pour terminer, qu'il était de notre responsabilité de débusquer ce dysfonctionnement majeur de l'institution judiciaire. Si nous ne l'avions pas fait, cette affaire aurait été passée sous silence.

La conférence de presse est un succès, mes clients sont satisfaits. L'affaire Anne-Lise constitue l'information principale de la journée et nos propos sont très largement repris dans les médias. Une équipe de journalistes d'une grande chaîne nationale me demande de lui accorder une interview un peu plus tard, en prévision du journal télévisé du soir. J'accepte de la recevoir à l'issue de la conférence de presse, en présence de mes clients, pour un entretien plus détaillé dans l'après-midi. Une fois l'interview achevée, je reçois un SMS d'un des reporters. Il me remercie de lui avoir accordé l'interview mais m'apprend que le sujet ne passera finalement pas au « 20 heures ». Il semble avoir été refroidi par un communiqué du parquet qui vient tout juste de tomber et qui dément nos accusations.

Selon ce texte, que je parviens à me procurer, le violeur d'Anne-Lise ne compterait pas parmi les détenus libérés au motif du Covid. Il aurait fait l'objet d'une décision d'un juge d'application des peines qui s'expliquerait par d'autres raisons. Le ministre monte également au front dans les médias. Il martèle qu'il ne s'agit en aucun cas d'une libération motivée par le

Covid. Sa réaction tient en réalité du tour de passe-passe. L'occasion m'est ici donnée de clarifier les choses.

Prenons quelques instants pour y voir clair : des libérations de détenus avaient effectivement été ordonnées, au plus fort de la pandémie, par un décret de Mme Nicole Belloubet, qui précéda Éric Dupond-Moretti au ministère de la Justice. Le violeur d'Anne-Lise ne faisait pas partie de ce contingent, c'est parfaitement exact. Pour autant, le ministre pouvait-il prétendre que cette décision ne constituait pas une « libération Covid », au motif qu'elle n'avait pas été décrétée par la Garde des Sceaux d'alors mais qu'elle avait été décidée par un juge ? Ce même juge qui, dans sa décision, faisait explicitement référence au Covid pour ordonner la libération du détenu… Tout cela relevait de l'enfumage pur et simple.

Disons les choses clairement : que cette libération ait été ordonnée par un ministre ou par un juge était, de toute évidence, parfaitement trivial. L'essentiel était ailleurs. Cette décision était indiscutablement liée à la pandémie, mais la chancellerie plaçait sciemment le débat sur l'accessoire, à savoir l'identité du décideur de cette libération, pour mieux faire oublier le plus important, c'est-à-dire sa motivation. La méthode n'était pas des plus honnêtes mais elle se révélait efficace. En faisant ainsi diversion, le ministre parvint à calmer *in extremis* l'incendie, avant qu'il ne tourne à l'affaire d'État. Les images de notre conférence de presse tournèrent en boucle jusqu'à la fin de la journée, mais l'affaire n'eut pas le retentissement médiatique qu'elle méritait. J'avais en outre conscience que nous nous heurtions à des intérêts puissants. Du reste, certaines personnes haut placées jouaient peut-être très gros dans cette affaire… Nous ne faisions pas le poids face au ministre de la Justice et à son armée de communicants. Nous avions besoin de soutiens. C'est ainsi que nous fûmes soutenus par la députée Blin qui relaya notre indignation.

À l'heure où j'écris ces lignes, nous menons toujours le combat. Nous attendons que l'agresseur de la jeune adolescente soit renvoyé devant une cour d'assises pour répondre de ses actes. Quant à l'action pour faute lourde engagée devant le tribunal judiciaire de Paris, elle demeure en cours. Anne-Lise, elle, attend toujours qu'au sommet de l'État quelqu'un veuille bien reconnaître qu'elle n'aurait jamais dû croiser la route de son agresseur.

19

Affaire Farina : l'école face à la pédophilie

Romain Farina s'est donné la mort le 5 avril 2016, dans sa cellule de la maison d'arrêt de Lyon-Corbas. C'était sa deuxième tentative de suicide, depuis qu'il avait été mis en examen pour viols et agressions sexuelles sur des dizaines d'enfants. Trois ans plus tard, un non-lieu était rendu dans cette affaire.

Logique, cette décision s'expliquait par son décès, qui éteignait automatiquement l'action publique : on ne juge pas les morts, apprend-on sur les bancs des facultés de droit. Cruelle déception pour les familles, qui se voyaient privées d'un procès dans le plus vaste scandale de pédophilie jamais connu au sein de l'école de la République. Le magistrat en charge de l'affaire avait néanmoins tenu à poursuivre ses investigations, afin de déterminer le nombre exact de victimes. Pendant trois ans, l'ensemble des fichiers informatiques retrouvés au domicile de l'instituteur fut minutieusement épluché. Pas moins de cinq cent mille photos et onze mille vidéos à caractère pédopornographique furent passées au crible par les enquêteurs de la gendarmerie, identifiant formellement quarante-six victimes parmi les jeunes élèves de l'instituteur. C'est une fois ce travail effectué que le juge d'instruction signa son ordonnance de non-lieu, en mars 2019. Le document, qui énumérait les noms et prénoms des victimes qui avaient pu être identifiées, mettait un terme définitif à la procédure.

Lorsqu'elle éclate au printemps 2015, l'affaire Farina bouleverse toute une région et fait vaciller l'Éducation nationale. Ce sont les parents de deux jeunes élèves scolarisés en CP à l'école du Mas de La Raz, à Villefontaine, en Isère, qui vont révéler le scandale. Ils se rendent à la gendarmerie pour dénoncer les atrocités que viennent de leur décrire leurs enfants. Pendant la classe, un instituteur organise d'étranges ateliers du goût. Seul adulte présent dans la pièce, rideaux tirés et paravent installé au fond de la salle, il en profite pour imposer à ses élèves, dont il bande au préalable les yeux, des fellations et d'autres abus sexuels, tout en filmant la scène.

Les témoignages des parents, rapidement confirmés lors d'auditions distinctes par leurs enfants, sont concordants. Les enquêteurs débutent leurs investigations en épluchant le passé judiciaire de l'homme. Ils notent qu'il a déjà été visé par une première plainte pour attouchements sur une élève de maternelle, au début de sa carrière, en 2001. Elle a été classée sans suite. Sept ans plus tard, l'instituteur a été condamné par un tribunal correctionnel à six mois d'emprisonnement avec sursis, pour recel d'images pédopornographiques. Forts de ces premiers éléments, les enquêteurs accélèrent : l'homme est placé en garde à vue, des perquisitions sont diligentées et plusieurs images à caractère pédopornographique sont retrouvées chez lui. Dans la foulée, Romain Farina est mis en examen du chef de viols et d'agressions sexuelles sur mineurs, au pôle criminel du tribunal judiciaire de Grenoble. L'information est aussitôt rendue publique et les langues se délient. D'autres enfants confient avoir été abusés par leur instituteur au sein de l'école du Mas de La Raz et dans les autres écoles où il a enseigné.

« PédoMaster », comme il se faisait appeler sur Internet, n'a pas éveillé les soupçons de sa hiérarchie. Ni suite à la première alerte de 2001, et pas davantage après sa condamnation en 2008. Il a d'ailleurs échappé à une interdiction d'entrer en contact avec des mineurs lorsque le jugement pour recel d'images pédopornographiques a été prononcé à son encontre. L'inspection académique du Rhône et celle de l'Isère, où il obtient un premier poste en 2011, ne sont pas officiellement informées de cette condamnation judiciaire, pourtant définitive. L'instituteur peut donc continuer d'exercer son métier auprès des enfants sans être inquiété. Lorsque son identité est signalée par les autorités allemandes à la justice française pour avoir consulté et téléchargé des images pédopornographiques sur un site hébergé en Allemagne, l'Éducation nationale n'est pas non plus alertée. Romain Farina, au profil discret et méfiant, est parvenu à passer sous les radars.

Le 4 mai 2015, les ministres de la Justice et de l'Éducation nationale viennent au chevet des familles, lors d'une grande réunion organisée dans les locaux de l'école de Villefontaine. Parents d'élèves, enseignants, associations et élus attendent de pied ferme des explications. Il s'agit pour Christiane Taubira et Najat Vallaud-Belkacem de rendre publiques les conclusions d'une vaste enquête administrative diligentée dès le début de l'affaire. Objectif de celle-ci : tenter de comprendre comment un instituteur a pu abuser de dizaines d'enfants sans que personne ne réagisse. À la fin de la réunion, on promet des réactions rapides. Une loi est annoncée pour éviter qu'un tel scandale ne se renouvelle.

Toujours en colère devant l'étendue du désastre, les parents d'élèves ne se contentent pas des annonces des ministres. Ils veulent des réponses de la justice, et pas simplement des explications venant des responsables des dysfonctionnements eux-mêmes. Du reste, plus l'enquête avance, plus l'affaire semble gênante pour le « Mammouth » de l'Éducation nationale. Le pachyderme, cher à Claude Allègre, n'a décidément rien vu et rien entendu des agissements du prédateur qui sévissait en son sein.

Première révélation troublante : un signalement auprès de l'Éducation nationale aurait été adressé par le parquet de Lyon dès 2001, suite à la plainte des parents d'une fillette de Vénissieux. Contrairement à ce qu'affirmera l'inspectrice d'académie, ses services auraient donc bien été avisés de cette première affaire visant l'instituteur, mais aucune mesure particulière ne semble avoir été prise.

Deuxième élément intriguant, l'étude du relevé de carrière de l'instituteur révèle qu'il a fait l'objet de nombreux changements d'école, écumant quatre établissements en une dizaine d'années. Une pratique assez inhabituelle mais qui n'a pas, semble-t-il, éveillé les soupçons.

Troisième point, l'attitude de l'instituteur aux petites lunettes en métal, à la moustache et au bouc impeccablement taillés, semblait suspecte aux yeux de certains témoins : des conflits avec des collègues et des parents d'élèves avaient été rapportés. L'homme n'appréciait pas d'être dérangé lorsqu'on frappait à sa porte pendant les cours. Plus inquiétant, il arrivait que des élèves sortent en pleurs de la classe. Surtout, des rumeurs auraient fini par circuler, notamment après qu'un élève eut affirmé avoir surpris Romain Farina en train d'abuser de certains enfants.

Quatrième élément, si l'affaire de recel d'images pédopornographiques, pour laquelle l'instituteur avait été condamné en 2008, n'a pas fait l'objet d'un signalement à sa hiérarchie, il est tout de même étonnant que personne dans son entourage n'ait été mis au courant, d'une manière ou d'une autre. Ni l'enquête, qui est toujours susceptible de susciter les curiosités, ni l'audience, pourtant publique, ni même le jugement rendu ne sont arrivés aux oreilles de quiconque. Ajoutons enfin que le nombre de victimes, plusieurs dizaines d'enfants, était, par son ampleur, de nature à attirer les soupçons, comme d'ailleurs ce paravent installé dans la classe, qui n'a pourtant fait l'objet d'aucune question de la part de sa hiérarchie.

Depuis 2001, un texte incitait les parquets à prévenir la hiérarchie des fonctionnaires des poursuites et condamnations dont ils faisaient l'objet. D'une valeur légale discutable, celui-ci n'était que rarement appliqué et, pour tout dire, inconnu de bon nombre de juristes. Dans l'affaire de 2008, le procureur n'aurait pas informé la hiérarchie de l'instituteur que celui-ci avait été condamné pour détention d'images pédopornographiques. Il n'y était d'ailleurs pas tenu, en l'état du droit applicable à l'époque. Rien ne pouvait donc être reproché au parquet, seule l'Éducation nationale pouvait voir sa responsabilité recherchée par les familles. L'institution, dont la mission première consiste à protéger les enfants qui lui sont confiés, n'a pas vu ce qui se passait dans ses murs.

Le 26 juin 2019, je dépose plainte au nom de sept familles de victimes, du chef de mise en danger délibérée de la vie d'autrui et de non-assistance à personne en danger. Le document, d'une vingtaine de pages, détaille l'ensemble des raisons motivant notre démarche et vise explicitement la hiérarchie de l'instituteur.

Après le choc que provoque cette affaire, les lignes bougent et les pouvoirs publics ne restent pas sans réaction. Première mesure : Najat Vallaud-Belkacem lance une vaste vérification des antécédents des enseignants partout en France. Pas moins de 990 000 casiers judiciaires, jusque-là consultés uniquement à l'embauche, sont passés au crible.

Le deuxième axe est législatif : le droit évolue sous l'impulsion de la ministre. Adoptée à une très large majorité, le 6 avril 2016, la loi dite « Villefontaine », relative à l'information de l'administration par l'autorité judiciaire et à la protection des mineurs, apporte des réponses aux dysfonctionnements constatés dans cette affaire. Ce texte, toujours en vigueur, cible précisément les prédateurs sexuels au sein des établissements scolaires. Concrètement, il définit un cadre juridique régissant les modalités de communication entre les parquets et l'Éducation nationale, en cas de mise en cause, de poursuite ou de condamnation d'enseignants pour des faits de nature sexuelle ou impliquant des mineurs. Le procureur de la République doit désormais informer la hiérarchie de l'enseignant si celui-ci est condamné pénalement ou même simplement placé sous contrôle judiciaire avec interdiction d'exercer son activité.

Les victimes et leurs familles ne verront jamais Romain Farina répondre de ses actes dans le box d'une cour d'assises. Quant à la responsabilité de l'Éducation nationale, elle demande toujours à être éclaircie. Il est néanmoins incontestable que, suite à cette affaire, notre droit a progressé dans un sens favorable à la protection des mineurs au sein des établissements scolaires.

20

Justice et victimes, le grand malentendu ?

En France, on dénombre chaque année plus de deux millions de victimes d'infractions pénales. Huit cent mille d'entre elles sont atteintes dans leur intégrité physique. Le constat est sans appel : nul n'est à l'abri de voir un jour son destin basculer. À la violence des faits s'ajoute la rencontre avec la justice, parfois décevante. Depuis le dépôt de plainte dans le bureau exigu d'un commissariat jusqu'au jugement de l'affaire devant un tribunal ou une cour, la victime doit affronter toute une série d'obstacles. Elle se retrouvera face à des interlocuteurs jusque-là inconnus : policiers, gendarmes, avocats, magistrats, experts. Nombreuses sont les victimes exaspérées par les lenteurs de l'institution judiciaire. Temps moyen d'une instruction ? Plus de trois ans. Délai de traitement d'une procédure criminelle ? Quarante et un mois. Souvent, la victime ne trouvera pas de réponse à ses questions. L'enquête avance-t-elle ? Mystère. Le secret de l'enquête et de l'instruction interdit d'informer les parties de leur avancée. L'expertise, indispensable pour demander l'indemnisation de son préjudice corporel, peut se révéler brutale pour qui n'y est pas préparé. L'audience, qui implique parfois de rencontrer son agresseur dans la salle des pas perdus, constitue aussi un moment redouté par la victime. Elle n'aura pas son mot à dire quand la décision sera prononcée car, en cas de relaxe, d'acquittement ou de peine trop clémente, la loi ne lui permet pas d'interjeter appel.

— Je retiens de ce que j'ai vu une chose : surtout, ne rien avoir à faire avec la justice !

L'ancien Garde des Sceaux Olivier Guichard affichait ainsi, en son temps, sa cruelle désillusion quant au fonctionnement d'une institution qu'il avait vu œuvrer de l'intérieur. Lorsqu'il quitta ses fonctions de ministre de la Justice, en 1977, se doutait-il que quarante-cinq ans plus tard, elle susciterait la même désespérance ?

Selon un rapport de la Commission européenne pour l'efficacité de la justice rendu en 2020[1], notre institution judiciaire figure parmi les plus mal loties au sein des pays membres du Conseil de l'Europe. Les chiffres parlent d'eux-mêmes : la France lui consacre un budget annuel de seulement 69,50 euros par habitant, là où l'Allemagne met sur la table un montant deux fois supérieur. En France, on dénombre 10,9 juges pour 100 000 habitants, contre 11,5 en Espagne, 11,6 en Italie, 13,3 en Belgique et 24,5 en Allemagne. Avec seulement trois procureurs pour 100 000 habitants, la France affiche le chiffre le plus bas d'Europe, dont la moyenne s'établit à 12,13. Pour seuls exemples, la

1. http://coe.int

Roumanie en compte 13, la Pologne 14,8… Ce ratio est d'autant plus alarmant que nos « parquetiers » doivent gérer un nombre très élevé d'affaires et exercer un nombre record de fonctions, en comparaison de leurs homologues européens. Avec de tels chiffres, notre pays peut-il accomplir des miracles ? On peut en douter. Et, derrière les statistiques, se cache une réalité peu reluisante pour la justice du pays des droits de l'homme.

Dans nos tribunaux, on manque d'imprimantes, les ordinateurs sont vétustes, les logiciels fonctionnent mal. J'ai à l'esprit ces seaux en plastique posés au beau milieu d'un palais de justice car de l'eau coulait des toits. Je me souviens de cette greffière qui attendait depuis trois semaines que l'on veuille bien débloquer les crédits nécessaires pour changer son téléphone. Je pense à ces gendarmes et policiers qui travaillent dans des bureaux dignes de l'ex-RDA, à ces magistrats dépourvus de personnel pour rédiger leurs décisions. J'ai aussi en tête la situation de certains confrères payés une misère à l'aide juridictionnelle. Ils n'ont souvent d'autre choix que de rendre leur robe après seulement quelques années d'exercice. Dans les dix premières années d'activité, 30 à 40 % d'entre eux abandonnent la profession. J'ai vu des justiciables qui attendaient beaucoup de la justice, trop peut-être. Ils eurent, après que leur affaire était jugée, le sentiment d'avoir rendu visite à une vieille dame fatiguée, qui n'avait pas le temps de les écouter et qui avait perdu le sens profond de sa mission, pourtant noble et exigeante.

Lors de mes rendez-vous au cabinet, j'ai pris l'habitude de prévenir mes clients de manière un peu abrupte lorsqu'ils veulent frapper à la porte des tribunaux, pour éviter qu'ils ne se fassent trop d'illusions :

— N'attendez pas plus de la justice que de l'hôpital public ou de la Poste !

Je veux bien reconnaître ici que le propos est caricatural. Du reste, il est injuste pour tous ces magistrats, greffiers et autres auxiliaires de justice qui se dévouent corps et âme à leurs tâches. Mais, en toute objectivité, comment peut-on demander plus à notre institution judiciaire qu'à d'autres services publics tout aussi exsangues ? Je l'ai vu dans l'affaire Maëlys : dans certains dossiers, la justice est au rendez-vous de manière absolument remarquable. Depuis les enquêtes de haut vol des gendarmes jusqu'aux débats, impeccablement conduits, devant la cour d'assises, la chaîne pénale a parfaitement accompli sa mission dans cette affaire. J'ai d'autres exemples en tête, notamment lorsqu'il s'agit d'affronter la délinquance en col blanc. Mais *quid* des milliers d'autres affaires pénales jugées chaque année en France ? Que dire de cette justice du quotidien, sinon qu'elle est malade et qu'elle aurait besoin d'un remède de cheval ? À mon sens, ce remède tient en trois mots : moyens, rapidité et fermeté. Et je ne parle même pas du sujet, tant de fois évoqué, du manque de places dans les prisons, ni de la question de l'exécution des peines.

Autre point qui mérite d'être abordé : le profond malentendu entre les victimes et notre justice pénale.

Cette méprise nécessite qu'on s'y arrête quelques instants. Car plus le temps passe et plus j'ai l'impression que l'incompréhension grandit entre les deux parties. J'ajoute que personne ne semble vraiment décidé à aborder franchement cette question, qui relève pourtant d'un vrai débat de société.

Mon propos nécessite un bref rappel historique, pour bien comprendre toute l'étendue du problème. La justice pénale française, telle que nous la connaissons actuellement, est l'héritière d'un modèle dit « inquisitorial ». Concrètement, ce système implique une position de surplomb de la part du juge, qui représente l'intérêt général. Les parties n'ont qu'une place réduite dans la procédure. Ce modèle fonde sa légitimité sur l'idée que la justice répressive ne se cantonne pas à arbitrer un litige entre les parties mais qu'elle intéresse la société en tant que telle. Il s'oppose au modèle « accusatoire » qui privilégie quant à lui le rôle des parties. Le procès y est conçu comme un affrontement contradictoire entre l'accusation et la défense, toutes deux placées à égalité devant un juge, qui les départage en fonction de leurs arguments et de leurs preuves.

Historiquement, la France adopta une procédure pénale à dominante inquisitoriale dès l'Ancien Régime. Cette tendance sera confirmée après la Révolution par l'adoption du Code d'instruction criminelle. Ce n'est que tardivement, et par petites touches successives, que notre procès pénal s'est ouvert à un modèle plus moderne, accordant une place aux parties et notamment aux victimes. La possibilité de relever appel de certains actes, de se constituer partie civile et de jouer un rôle actif dans la procédure pénale, sont récents dans notre histoire judiciaire. Le droit considère encore la procédure pénale comme un système vertical opposant la société au mis en cause. La victime peut, si elle le souhaite, venir se greffer à la procédure, mais elle n'y jouera pas un rôle prépondérant.

En clair, dans l'esprit du législateur, la justice pénale n'est pas, à proprement parler, au service des victimes. Les affaires pénales opposent le ministère public, chargé des poursuites et de la défense de la société, au mis en cause, et non pas la victime au mis en cause. La nuance est d'importance. Pour s'en convaincre, il suffit de jeter un coup d'œil sur les dossiers qui sont déposés sur le bureau de l'huissier dans les salles d'audience. Y sont inscrits le nom du mis en cause et celui du ministère public (MP). Pas celui de la victime. Concrètement, cela donne, par exemple, « Nordahl Lelandais/MP », et non pas « Nordahl Lelandais/De Araujo », pour ne citer que cette affaire. Cette situation pose un vrai problème de fond.

Car, en dehors des palais de justice, la société évolue. Les victimes ont des attentes croissantes : elles espèrent que le procès pénal leur permettra de comprendre, de les aider dans leur chemin vers la résilience et de pouvoir tourner la page. Elles suscitent aussi un intérêt de plus en plus vif de la part des médias et de l'opinion publique. L'incompréhension n'en est que plus grande avec notre justice pénale, toujours inspirée par le modèle inquisitorial. Le malentendu est d'autant plus problématique que les atteintes aux personnes connaissent une nette augmentation depuis plusieurs années. Peut-être serait-il temps d'expliquer que si la justice est bienveillante à l'égard des victimes, elle a, en l'état actuel du droit, pour priorité la préservation de la paix publique et des libertés, et pas la défense des intérêts des victimes ? Qui aura le courage de le dire ?

Le constat mérite sûrement d'être relativisé, si on le considère plus globalement. Certes, notre procédure pénale n'a pas été chamboulée sous la pression des victimes. Néanmoins, force est de constater que des progrès significatifs ont été effectués s'agissant de leur indemnisation. Incontestablement, notre droit a progressé, en particulier en matière de réparation du dommage corporel. Cette matière, à la croisée du droit civil et de la médecine légale, ouvre des perspectives intéressantes aux victimes. La diversité des postes de préjudices indemnisables, les montants accordés et les cas d'ouverture du droit à réparation concourent au développement de cette matière, qui consacre le droit « à la réparation intégrale sans perte ni profit ». Terminé les indemnisations « à la louche » ou « tous préjudices confondus », la jurisprudence fait désormais dans la dentelle pour réparer chaque aspect de la vie impacté par le dommage. Le droit du dommage corporel constitue à n'en pas douter un droit d'avenir. Et on imagine mal le législateur aller à l'encontre de cette tendance de fond.

Que dire de la situation des victimes en France ? Sur les bancs de la faculté de droit, j'ai appris qu'à chaque question qui lui était posée, un bon juriste devait répondre : « Ça dépend. » Qu'il me soit permis de reprendre cette formule qui incite à la nuance, tant il est vrai que la situation des victimes est aujourd'hui contrastée. Car, d'un côté, la justice pénale peine à leur accorder une place plus importante mais, de l'autre, les progrès constatés en matière d'indemnisation sont incontestables et s'inscrivent, à n'en pas douter, sur le long terme. La défense des victimes suppose donc de mener de front ces deux combats. C'est justement ce à quoi je m'attelle au quotidien.

*

Si le niveau d'implication, la maîtrise technique et l'expérience d'un avocat font souvent la différence dans les dossiers, je reste convaincu que c'est la condition des victimes, au sens large, qui doit progresser en France. Une justice moderne, digne du XXIe siècle, doit leur accorder la place qu'elles méritent, tout en maintenant les équilibres acquis au fil du temps. J'ai conscience qu'il faut veiller à ce que l'institution juge sereinement et de manière conforme à l'intérêt général, sans être otage des intérêts privés ou de l'émotion. Pour autant, des progrès peuvent être accomplis. Je forme ici des propositions pour améliorer la prise en charge des victimes par la justice.

Je souhaite tout d'abord évoquer la question de l'accès à la justice. Ma première proposition à ce sujet concerne le dépôt de plainte. Il s'agit bien souvent de la première rencontre entre la victime et les acteurs de la chaîne pénale. Ce moment constitue l'occasion d'instaurer une relation de confiance pour la suite de la procédure. Des mesures ont été prises pour améliorer la formation des policiers et des gendarmes en termes d'écoute et de prise en charge des victimes, avec de premiers résultats tangibles. Il n'en demeure pas moins que les conditions matérielles d'accueil, de confort et de confidentialité doivent encore progresser dans nos commissariats et gendarmeries. J'ajoute que les victimes hésitent parfois à déposer plainte par crainte de représailles. Un recours plus généralisé à l'élection de domicile pourrait leur permettre d'être rassurées, en évitant que leur adresse n'apparaisse dans le dossier d'enquête.

Les victimes se plaignent souvent d'être dépourvues d'informations relatives à l'avancée de leur plainte. Une des solutions pourrait consister en une plateforme web consacrée au suivi des plaintes. Cet outil pourrait être créé sur le modèle du site Sagace[1], qui permet de connaître l'état d'avancement des procédures devant les juridictions administratives. Un code confidentiel serait remis à la victime au moment de son dépôt de plainte et elle pourrait avoir accès à l'avancée de la procédure, dans le strict respect du secret de l'enquête.

Autre initiative pour aider les victimes dans leur accès à la justice, un assouplissement des conditions de constitution de partie civile me semble indispensable. Je propose de mettre en place une présomption d'intérêt et de qualité à agir en faveur des victimes. Celle-ci serait tirée de leur présence sur les lieux de l'infraction. La victime présente sur les lieux au moment des faits n'aurait pas à démontrer son intérêt à agir. Il reviendrait à la défense d'apporter la preuve inverse en cas de contestation.

D'une manière générale, il est impératif de garantir la gratuité de l'accès à la justice pénale. Trop de victimes sont découragées par les frais à engager pour défendre leurs droits. Quelques mesures simples pourraient être étudiées. Je pense, par exemple, à la suppression des

1. https://sagace.juradm.fr/

consignations, ces sommes exigées en cas de citation directe et de plainte avec constitution de partie civile, deux procédures qui permettent aux victimes de passer outre le classement sans suite décidé par le procureur et de poursuivre la procédure de leur seule initiative. Autre point qui pose problème à l'heure actuelle : les victimes sont souvent contraintes de faire l'avance des frais d'expertise nécessaires à l'évaluation de leur dommage. Elles ne devraient pas avoir à payer une somme quelconque pour prouver leur préjudice. Ce processus d'avance de frais doit donc être repensé.

Dernier point concernant l'accès à la justice pénale, je propose que les barèmes de l'aide juridictionnelle prennent en compte non seulement les revenus du demandeur, mais aussi la gravité du préjudice subi. La victime qui présenterait une importante ITT disposerait ainsi d'une meilleure prise en charge de ses frais de défense par l'État.

Il est en outre nécessaire d'humaniser l'audience pénale pour les victimes. Je prends ici quelques exemples. Devant les tribunaux correctionnels, les victimes sont souvent contraintes de subir une attente interminable avant que leur affaire ne soit jugée. Convoquées en début d'après-midi, il arrive que leur affaire ne soit appelée que tard le soir. Cela s'explique bien souvent par la priorité donnée aux détenus pour faciliter le fonctionnement des escortes. Je propose de revoir l'ordre des priorités des audiences en faveur des parties civiles qui présentent une ITT supérieure à huit jours. Elles auraient ainsi l'assurance de voir leur affaire jugée dès le début de l'audience, que l'auteur soit détenu ou qu'il comparaisse libre.

Je suggère une autre mesure, cette fois au sujet de la conduite des débats devant le tribunal : l'audience débute par la phase dite d'« instruction à la barre », au cours de laquelle le mis en cause répond aux questions du tribunal, après un résumé de la procédure. La priorité pourrait être donnée à la victime dès le début de l'audience. Elle aurait ainsi l'occasion de contribuer à poser les enjeux du procès dès son entame.

L'effort d'amélioration des conditions d'accueil dans nos palais de justice doit également être amplifié. Des dispositions doivent être prises pour éviter les rencontres inopinées entre les parties, notamment dans les affaires sensibles comme les violences intrafamiliales. Des salles dédiées à l'accueil des victimes, confortables et aménagées avec soin, leur permettraient de patienter sereinement avant que leur affaire soit évoquée.

La victime doit également voir son rôle conforté pendant l'instruction. Des rencontres plus régulières entre la partie civile et le juge d'instruction pourraient être mises en place. Je pense également au sujet souvent délicat des « correctionnalisations ». Elles consistent à revoir la qualification pénale, en la faisant passer de criminelle à correctionnelle, lorsque la preuve de la matérialité des faits est difficile à rapporter. C'est souvent le cas en matière de viol. Les juges privilégient la qualification d'agression sexuelle pour être certains de la nature de la réponse pénale, plutôt qu'une qualification criminelle, certes plus lourde mais souvent hasardeuse. Ce type de décision peut être mal compris par les parties civiles. Un entretien préalable entre le juge et la partie civile avant toute correctionnalisation permettrait d'éviter bien des incompréhensions.

La place de la partie civile pourrait également être renforcée au stade de l'exécution des peines, notamment en développant les peines de sursis avec obligation d'indemniser les victimes. Concrètement, faute pour la personne condamnée d'indemniser la victime, elle encourt la révocation de son sursis et une possible incarcération. Ce dispositif, assez efficace dans la pratique, mérite d'être généralisé.

Enfin, et bien que l'indemnisation des victimes ait progressé ces dernières années, d'autres avancées pourraient être envisagées en matière de réparation du dommage corporel. La Commission d'indemnisation des victimes d'infractions (Civi) pourrait voir ses conditions d'accès élargies aux victimes présentant un dommage corporel léger. Actuellement, la loi exige, pour saisir la Commission, que les faits aient entraîné la mort, une ITT supérieure à un mois ou une incapacité permanente. Le législateur pourrait ramener à seulement huit jours l'ITT nécessaire pour saisir la Civi, ce qui permettrait d'ouvrir cette juridiction à davantage de victimes et ainsi faciliter leur indemnisation. Il serait également intéressant de rallonger les délais de prescription devant la Commission et de renforcer les contraintes probatoires en matière de « faute de la victime », souvent invoquées par le FGTI, pour tenter de réduire ou d'exclure le droit à indemnisation des victimes.

Dernière proposition : revoir les conditions d'intervention des experts chargés d'évaluer le dommage des victimes. Nous l'avons vu, l'expertise constitue un moment redouté, souvent à juste titre, par les personnes atteintes par un dommage corporel. L'interdiction du cumul des activités de médecin-expert missionné par les juridictions et de médecin-conseil mandaté par les assureurs ou par le Fonds de garantie lèverait toute éventuelle ambiguïté quant à l'indépendance des experts.

*

Passées en quelques années du statut d'oubliées des prétoires à un rôle plus actif dans la procédure, les victimes sont aujourd'hui mieux indemnisées et voient leur dommage réparé de manière personnalisée par nos juridictions. Elles sont aussi plus visibles et mieux reconnues par la société. Mais derrière les avancées constatées s'esquissent des dérives préoccupantes qui concernent non seulement la justice, mais encore la société tout entière. À telle enseigne que certains se demandent s'il faut en faire plus ou si l'on en fait déjà trop. Va-t-on vers une société victimaire ?

Dans nos tribunaux, deux dangers affleurent. D'une part, les victimes sont de plus en plus nombreuses à souhaiter que l'on ne juge pas seulement l'acte et l'auteur des faits, mais qu'on leur accorde une tribune pour accéder à une place centrale et à une reconnaissance qui, en vérité, risquent de leur nuire. En somme, le procès ne permettrait plus simplement aux victimes de tourner la page ; au contraire, il les enfermerait dans un statut dont, à terme, elles ne pourraient s'émanciper, n'ayant et ne trouvant plus d'autre intérêt qu'au travers de ce qu'elles ont vécu[1].

D'autre part, l'émotion vient régulièrement frapper à la porte des salles d'audience. Elle gêne le travail de

1. Michèle de Kerckove, « Il y a encore beaucoup à faire en matière d'indemnisation », *La Croix*, 9 janvier 2017.

la justice, sur laquelle la pression de l'opinion publique devient de plus en plus forte. Or, pour travailler sereinement et juger dans de bonnes conditions, la justice doit être maintenue à distance de toute pression. Chaque pénaliste connaît cette citation de Vincent de Moro-Giafferi : « L'opinion publique, chassez-la, cette intruse, cette prostituée qui tire le juge par la manche ! » Elle date des années 1920, mais revêt une actualité particulière à l'heure des duplex des chaînes d'information devant les palais de justice et des *live tweets* depuis les salles d'audience. À terme, la justice risque, ni plus ni moins, d'être kidnappée par l'émotion.

En dehors des tribunaux, une tendance de fond se fait jour, au préjudice, d'abord et en premier lieu, des victimes elles-mêmes : la victimisation. Comme le note Guillaume Erner[1], la souffrance fascine et occupe le devant de la scène médiatique. Le sociologue y voit une évolution profonde de notre société vers une sorte d'apitoiement qui parasite l'action politique et empêche de réfléchir. Autrefois, les victimes avaient honte de leur condition ; aujourd'hui, la reconnaissance de ce statut devient un objectif en tant que tel, donnant naissance à une nouvelle catégorie sociale courtisée par les médias, les politiques et les ONG, dont la démarche n'est d'ailleurs pas dénuée d'intérêts, ni d'arrière-pensées.

Cette exposition intrusive et voyeuriste nuit aux victimes. Car elle ne dure qu'un temps. Micros et caméras se détournent très vite pour mettre le focus sur d'autres actualités. Mais aussi parce qu'elle se fait au

1. Guillaume Erner, *La Société des victimes*, La Découverte, octobre 2006.

détriment d'une solidarité, plus discrète et moins tapageuse, qui exige temps et efforts de la part d'une société qui manque à ses responsabilités à l'égard des victimes. Le philosophe Pascal Bruckner va jusqu'à déplorer une sorte de starification de certaines victimes. Il y décèle « une envie perverse d'être distingué, de sortir de l'anonymat et, à l'abri de cette forteresse d'affliction, d'en imposer à ses semblables. L'infortune est l'équivalent d'une élection, elle anoblit qui la subit et, la revendiquer, c'est s'arracher à l'humanité courante, retourner son désastre en gloire[1] ».

Si la compassion est utile au bien commun, la victimisation excessive, souvent revendicatrice, à laquelle nous assistons revient à créer un nouveau communautarisme. En miroir, se fait jour une logique revancharde et punitive, dictée par une forme d'irrationalisme victimaire qui s'illustre à travers des mouvements tels #MeToo ou #balancetonporc. Cinquante ans après Mai 68, qui voulait interdire d'interdire, l'opinion publique juge désormais scandaleux de ne pas réprimer. Elle met à l'index publiquement, y compris en l'absence de preuves. Éric Mathias, avocat et universitaire, s'en inquiète fort justement : « Que s'est-il donc passé pour qu'au "jouissez sans entraves !" des joyeux utopistes de 1968 succède le "lynchez sans retenue !" des teigneux justicier.e.s du moment[2] ? »

1. Pascal Bruckner, « Vers une société de victimes ? », *Constructif*, n° 10, février 2005.
2. Éric Mathias, « De la présomption d'innocence à l'innocence des présomptions : le procès pénal dans l'ère de la postvérité ? », *Droit pénal*, n° 1, janvier 2020, étude 3.

Surtout, ce mirage victimaire, qui met à mal nos principes et pervertit la justice, n'est d'aucun réel recours pour les victimes. Une fois marquées au fer rouge de la médiatisation, elles auront d'autant plus de difficulté à se reconstruire et à tourner la page. Pourtant, c'est bien le sort des victimes et la qualité de la réponse offerte par notre société qui devraient constituer la priorité. Dans son roman *Au titre des souffrances endurées*[1], Thierry Vimal pose une question déterminante : la société peut-elle abandonner impunément les plus fragiles ? L'auteur interroge les failles de l'engagement de la société envers les victimes et dessine les limites de l'actuelle *doxa* compassionnelle. La lumière aveuglante des médias cache mal l'indifférence gênée et le repli individualiste des uns et des autres, non moins que les complexités et obstacles de toutes sortes imposés à ceux qui tentent de se relever après les faits qui les ont fait souffrir.

La cause des victimes, à force de caricatures, en vient à servir l'égoïsme et le spectaculaire, au détriment de la solidarité, de la justice et de l'humanisme. Assurément, les victimes méritent mieux.

1. Thierry Vimal, *Au titre des souffrances endurées,* Le cherche midi, 2022.

Épilogue
L'appel du vendredi soir

Vendredi 8 avril 2022. 18 h 30. Une journée effervescente s'achève au cabinet. Le rythme ralentit petit à petit, avant le week-end qui approche. Je profite du calme pour peaufiner un dossier. Je jette un œil routinier à ma messagerie, avant d'éteindre mon ordinateur.

Un fax vient de tomber. Un avis de placement sous contrôle judiciaire m'est adressé par un juge d'instruction. L'identité du mis en cause ne me dit rien. Pas davantage le nom de l'affaire. J'essaye de rassembler mes esprits, mais mon cerveau est un peu embrumé en cette fin de semaine. L'avis fait référence à l'article 223-15-2 du Code pénal. Il s'agit donc d'un dossier d'abus de faiblesse. J'y vois enfin plus clair. Je me rappelle qu'un an auparavant, je suis allé consulter un dossier pénal chez un magistrat, dans une sombre affaire de mouvement sectaire. Nous nous étions constitués partie civile pour la défense d'un jeune couple abusé par un gourou qui menait grand train dans un château, sur le dos de ses adeptes. Nous étions sans nouvelles de l'affaire. Voilà qu'elle semble avoir progressé, puisque le gourou est désormais placé sous contrôle judiciaire.

J'appelle aussitôt mes clients pour leur annoncer la nouvelle. Ils sont satisfaits que la justice ait enfin pu mettre la main sur celui qui s'était présenté comme un prêtre païen empruntant au paganisme et à la mythologie nordique. Sous divers pseudonymes, ce quadragénaire avait développé un courant de pensée ésotérique qui avait convaincu une douzaine d'adeptes de lui livrer corps, âmes et portefeuilles : abus sexuels, escroqueries et détournements de fonds, le gourou n'hésitait devant rien pour parvenir à ses fins. Cueilli quelques jours plus tôt à son domicile par les policiers de l'Office central pour la répression des violences aux personnes (OCRVP), il est mis en examen par le juge d'instruction pour abus de faiblesse sur personnes en état de sujétion psychologique.

Le Parisien vient de révéler les détails de l'affaire. Elle fait la une de sa page web. Je regarde le nom du journaliste qui a signé l'article. Je le connais bien, pour l'avoir rencontré dans d'autres dossiers. Je l'appelle pour lui annoncer que j'interviens dans cette affaire. Je cherche aussi à glaner quelques informations auxquelles je n'aurais pas eu accès.

L'homme est attachant. Dynamique, déterminé, il est l'un des journalistes « police-justice » les plus aguerris de la presse judiciaire. Une véritable machine à scoops. Il entretient d'étroites relations avec les enquêteurs les mieux placés à Paris et recueille leurs confidences. Au téléphone, le ton est chaleureux et le débit rapide :

— Maître Rajon ? Comment allez-vous depuis l'affaire Maëlys ? Bravo, d'ailleurs ! Je vous ai suivi. Franchement, vous avez été très bien sur la fin du procès, c'était pro. Au fait, j'ai appris que vous étiez dans le dossier de l'attentat de Nice. On se verra sûrement à Paris.

Il me parle de l'affaire du gourou mis en examen et de mon couple victime d'abus de confiance :

— Un vrai dossier de dingue ! Vous savez, les affaires de sectes, ça intéresse toujours les gens et ça attire les gros pénalistes de Paris.

Après avoir échangé quelques mots, nous convenons de nous rappeler avant le procès, au cours duquel je défendrai mes clients sur le banc des parties civiles.

Je raccroche. Je jette un regard à ma robe. Elle est posée sur le portemanteau attenant à mon bureau. J'ai hâte de la remettre au plus vite. Jusqu'où me mènera-t-elle ?

Table

Deuxième partie

UNE CERTAINE IDÉE DE LA DÉFENSE

Troisième partie

MES AUTRES COMBATS : UNE VIE D'AVOCAT

Cet ouvrage a été composé
par Facompo à Montrouge (Hauts-de-Seine)

Impression réalisée par

NORMANDIE ROTO IMPRESSION S.A.S.
à Lonrai (Orne)

en juillet 2022
pour le compte des Éditions de l'Archipel,
département éditorial de la S.A.S. Écriture-Communication

Imprimé en France
N° d'impression : 2203107
Dépôt légal : août 2022